KB251101

평판이 좋아지는 1퍼센트의 법칙

결국 인정받는 사람들은 무엇이 달랐을까

조은지

평판의 주도권은 언제나 내게 있다.

평판은 타인의 평가가 아니라 내가 반복해 온 태도의 합이다.
'평판'이라는 단어에는 늘 오해가 따라붙는다.
사람들은 평판을 말하면 곧 '남들이 나를 어떻게 볼까?'를 떠올린다.
남의 시선을 기준으로 행동하고 그 평가를 두려워한다.
하지만 나는 이렇게 말하고 싶다.
평판은 타인의 평가가 아니라 내가 반복해 온 태도의 합이다.
평판의 주도권은 언제나 나에게 있다.

나는 20년 가까이 한국대학생인재협회(한대협)에서 리더십을 가르치며 수많은 조직과 사람 사이에서 신뢰가 어떻게 만들어지고 무너지는지를 현장에서 보고 배웠다. 만 명이 넘는 대학생들을 만나며 그들의 20대만 본 것이 아니라 30대, 40대로 성장해 가는 모습을 함께 지켜봐 왔다. 짧게는 1~2년, 길게는 10년 이상 그들의 인생 궤적을 함께하다 보면 결국 한 가지 패턴이 보인다.

어떤 사람은 빠르게 성장하지만 오래가지 못하고, 어떤 사람은 느리지만 묵직하게 자리를 잡는다. 그 차이를 만드는 건 실력의 크기가 아니라 태도의 방향성, 즉 꾸준히 신뢰를 쌓아 가는 방식이다.

그리고 나 역시 그 시간 속에서 함께 자라 왔다. 20대에서 40대가 되기까지 평판의 변화를 직접 경험하며, 일을 잘하는 것보다 신뢰를 잃지 않는 태도가 훨씬 더 오래 남는다는 것을 배웠다.

평판은 내 태도의 누적이다

우리가 하는 말, 회의에서의 반응, 피드백을 받는 자세, 작은 약속 하나를 지키는 태도까지. 이 모든 게 모여 '그 사람답다'라는 신뢰를 만든다.

그래서 평판의 주도권은 남에게 있지 않다. 내가 어떤 태도를 반복하느냐가 평판을 결정한다. 평판은 타인의 평가표가 아니라, 내가 써 내려간 '태도의 이력서'다.

기회는 실력이 열고, 신뢰는 다시 부른다

이 책은 《기회를 부르는 1%의 법칙》의 다음 이야기다. 그 책이 기회를 만드는 사고방식과 태도를 다뤘다면, 이번 책은 그 기회를 지속시키는 신뢰의 법칙을 다룬다.

나는 늘 이렇게 말해 왔다. "능력은 입장권이고 신뢰는 초대권이다" 실력은 한 번의 무대에 설 수 있게 하지만, 신뢰는 그 무대에 다시 불릴 수 있게 만든다. 기회는 실력이 열지만, 기회를 유지시키는 건 언제나 평판이다.

이전 책이 마인드셋과 내면의 성장에 초점을 맞췄다면, 이번 책은 한층 더 실용적인 영역으로 확장했다.

각 글의 말미에는 바로 적용할 수 있는 '오늘의 1% 실천 포인트'가 담겨 있다. 특히 〈Part 3. 오늘 당장 바꾸는 일 습관〉에서는 회의, 보고, 메신저 등 일터 속 실제 장면에서 신뢰를 잃지 않는 태도와 대화법을 다뤘다.

또한 〈Part 5. 성장 속도를 높이는 노하우〉에서는 좋은 멘토, 롤 모델, 관계를 어떻게 구축하면 좋은지를 제시했다. 이 책은 생각을 멈추지 않고, 행동으로 옮기게 하는 안내서다.

평판은 관계의 기술이 아니라, 존재의 방식이다

나는 한대협에서 수많은 리더와 함께하며 배웠다. 평판은 기술이 아니다. 존재의 방식이고, 일관된 태도의 흔적이다.

사람은 말로 평가받지 않는다. 태도로 기억된다. 회의 중의 눈빛, 메신저의 말투, 실수를 마주했을 때의 반응, 동료를 대하는 마음이 그 사람의 진심을 그대로 드러낸다.

그래서 평판은 관계 속에서 '살아 움직이는 언어'다. '나는 이런 사람입니다'라고 말하지 않아도, 태도가 이미 모든 것을 말한다.

결국, 평판은 나를 단단하게 만드는 힘이다. 이 책은 '좋은 인상 관리법'을 말하지 않는다. 내가 어떤 마음으로 일하고 어떤 기준으로 관계를 맺으며, 어떤 방향으로 살아가고 싶은가를 묻는 책이다.

평판은 타인의 손에 있지 않다. 매일의 나, 그 반복된 태도 속에 있다. 당신이 평판의 주도권을 되찾길 바란다. 누구의 평가에도 흔들리지 않고 스스로의 일관된 태도로 신뢰를 쌓는 사람. 그런 사람이 결국 오래간다. 그런 사람이 결국 함께 일하고 싶은 사람이 된다.

『평판은 타인의 평가가 아니라, 내가 반복해 온 태도의 합이다.
오늘도 그 태도를 선택할 권한은 오직 내게 있다.』

  저자의 첫 번째 저서인 《기회를 부르는 1%의 법칙》을 접하고서, 그간 대학 제자들과 신입 양성 과정생들에게 지도하고 강조했던 내용들로 가득 차서 크게 공감하였다.

  학교에서는 주로 이론 지식과 정답을 배우고 그 실력으로 사회 진출의 기회를 열지만, 정작 산업 현장에 필요한 직무 기술이나 조직 내외의 대인관계 대응력이나 태도에 관한 학습이 부족하다 보니 갈등 속에 이리저리 떠도는 것을 많이 목격했기에 그에 따른 훈련의 필요성을 늘 강조해 왔었다.

  이 책은 저자의 두 번째 저서로 사회 진출 후의 자세를 이어주듯이, 산업 현장에서 평판과 신뢰가 어떻게 만들어지고 작동하는지를 기본기, 대인관계, 습관, 멘탈 관리 등으로 나누어 구체적으로 제시하고 있다.

  사회에서는 사람과 함께 일하는 태도가 성과를 만들게 된다. 즉 말을 어떻게 전하는지, 약속을 지키는지, 갈등을 어떻게 다루는지가 곧 신뢰가 되고 평판이 된다. 대인관계와 평판은 성장의 기회를 지속시키는 힘이라 할 수 있다.

한국뷰티산업무역협회(KOBITA) 회장 김승중

조은지 작가와 저는 같은 날 입사해 사회생활의 시작을 함께하였습니다. 이후 저는 인사(HR) 현장에서 사람을 채용하고 평가하며 조직의 기준을 세우는 일을 해 왔고, 조은지 작가는 리더십 교육과 조직 운영이라는 자신만의 영역을 꾸준히 확장해 왔습니다.

인사 업무를 하다 보면 분명해지는 사실이 있습니다. 조직에서 장기적으로 신뢰를 얻는 사람은 단기적인 성과보다 '태도의 일관성'으로 자신을 증명한다는 점입니다. 말과 행동의 간극이 크지 않고, 상황에 따라 기준이 급격히 흔들리지 않으며 관계를 소모하지 않는 사람. 이런 선택들이 축적되어 비로소 한 사람의 고유한 '평판'이라는 자산이 됩니다.

조은지 작가는 오랜 시간 대학생 조직을 운영하며 사람을 성장시키는 일을 지속해 왔습니다. 이는 단순한 열정이 아니라 일관된 방향성과 구조를 갖춘 선택이었습니다. 새로운 분야에 도전하는 과정에서도 그의 중심에는 늘 사람과 관계가 있었습니다. 또한 조은지 작가는 솔직함 위에 책임을 더하고, 어려움 속에서도 방향을 놓지 않습니다. 그래서 그의 글에는 과장된 성공담 대신 현실적인 고민과 성찰이 담겨 있습니다.

전작《기회를 부르는 1%의 법칙》이 태도의 출발점을 다뤘다면, 이번《평판이 좋아지는 1%의 법칙》은 그 태도가 어떻게 단단한 신뢰로 축적되는지를 짚어냅니다. 평판은 단번에 만들어지지 않습니다. 보이지 않는 곳에서의 선택과 관계를 다루는 방식이 결국 그 사람을 설명합니다.

조직에서 사람을 채용하고 평가와 보상을 설계하는 입장에서 보았을 때, 평판은 한 사람의 가치와 기회를 결정짓는 중요한 요소입니다. 이 책이 제시하는 1%의 차이는 충분한 설득력을 갖추고 있습니다. 단순한 처세술을 넘어, 스스로의 기준을 세우고 이를 일관되게 유지하는 방법을 제시합니다. 조직 안팎에서 자신의 방향성을 명확히 하고자 하는 이들에게 현실적인 시사점을 줄 수 있을 것입니다. 그래서 저는 이 책을 신뢰를 담아 권합니다.

카카오엔터테인먼트 성과보상 팀장 정나래

목차

PART 1

기본기부터 단단히

평판은
결정적인 한 번이 아니라

보이지 않는
작은 태도의 반복에서 시작된다

사회는 의욕 없는 사람을 끌고 가지 않는다

누가 당신의 무기력을 끝까지 감당해 줄 것이라 생각하는가?

한대협에서 수년째 리더로 활동하면서 다양한 대학생들을 만났다. 어떤 이들은 강의 한 번에도 눈빛이 달라지고, 멘토링 한 마디에 노트를 펴며 진지하게 받아 적는다. 반면, 어떤 이들은 동기부여 강의를 해 줘도, 심도 있는 1:1 멘토링을 해 줘도 심드렁하다. 눈빛은 흐리고, 회의 시간에는 딴청을 피우고, 지각을 해도 서두르는 모습이 없다. 면접 당시에는 분명 '열심히 배우고 성장하고 싶다'라며 강한 의지를 내비쳤는데, 활동 1~2주 만에 이렇게 의욕 없는 모습으로 바뀐다는 건 쉽게 납득이 가지 않는다. 대체 이들의 심리는 무엇일까?

추측건대, 이들은 '시작' 자체에만 집중하고, 그 이후의 설계에는 무관심한 경우가 많다. 면접을 통과하고, 프로그램에 합격한 것만으로 스스로의 목표가 완료되었다고 여긴다. 마치 '입사'가 인생 목표의 전부인 것처럼 행동하고, 그 이후는 비워 둔 채 살아간다. 하지만 실제 중요한 것은 '그 이후'다. 회사들이 왜 '입사 후 포부'를 묻는지, 많은 대학생들을 만나보면 저절로 알게 된다. 입사만 하고 나면 곧 목적을 잃고 무기력해지는 사람이 참으로 많기 때문이다.

또한 이들은 지금 이 순간을 깊이 있게 살지 않는다. 하루가 쌓여 인생이 된다는 사실을 실감하지 못한다. '오늘 하루가 뭐 중요해', '지금 열심히 안 해도 언젠가는 기회가 오겠지'라는 안일한 태도는, 결국 스스로의 가능성을 스스로 꺾는 일이 된다. 20대는 '실험'과 '도전'이라는 이름으로 굉장한 성장을 이룰 수 있는 시기인데, 정작 그 귀한 시간을 당연하게 여기고 무기력 속에 자신을 묻어두는 것이다. 그러다 결국 나이가 들고서야 허비한 시간의 대가를 깨닫고 후회하게 되는 경우가 많다.

더 깊이 들여다보면, 그 심드렁한 태도 속에는 '아직 누군가가 내 인생을 책임져 줄 것'이라는 막연한 기대가 깔려 있기도 하다. 부모님이든, 교수님이든, 혹은 리더든, 누군가가 방향을 제시해 줄 것이라 생각한다. 말은 "성인이에요"라고 하지만, 행동은 미성년자와 다를 바 없다. 스스로 인생의 책임을 지려는 자세가 없고, 언제까지나 누군가가 도와주고 끌어줄 것이라는 판타지에 기대어 살아간다.

그러나 반드시 짚고 넘어가야 할 현실이 있다. 사회는 당신의 성장을 끝까지 기다려주지 않는다. 심드렁한 태도에 오래 인내해 주는 사람은 가족 정도다. 조직에서는 다르다. 상사든 동료든, 당신이 '심드렁한 사람'이라는 인식을 주는 순간, 아무도 당신을 끌고 가려 하지 않는다. 조직은 누군가의 무기력을 끌어안고 가지 않는다. '그래도 한 번 더 기회를 주자'는 인심은, 현실적으로 찾아보기 어렵다.

특히 리더의 입장에서 보면, 심드렁한 팔로워는 리스크다. 회의 분위기를 가라앉히고, 팀의 추진력을 떨어뜨리며, 다른 구성원들의 동기를 갉아

먹는다. 그런 사람을 붙잡고 끝까지 도와주는 것은 조직의 '역량'이 아니라 '낭비'가 된다.

사회는 열정 있는 사람에게 기회를 몰아준다. 심드렁한 사람에게는 아무도 손 내밀지 않는다. 냉정하지만, 이것이 현실이다.

결국 이들의 심리는 단순한 게으름이 아니라, 인생을 대하는 철학의 부재에서 비롯된다. 무기력해 보이는 그 한 사람도, 마음 깊은 곳엔 변화의 열망이 있을 수 있다. 하지만 그 열망은 제대로 작동하려면 '책임감', '현재에 대한 집중', '다음 목표를 향한 시선'이라는 점화 장치가 필요하다.

학교는 내가 돈을 내고 다니는 조직이기에 심드렁한 태도가 어느 정도 용인될지 모른다. 그러나 사회는 나에게 돈을 주는 곳이다. 사회생활은 곧 거래이며, 성실과 태도는 당신이 사회와 맺는 계약의 기본 조건이다. 일과 조직에 임하는 태도를 바꾸지 않으면, 더 이상 기회는 주어지지 않는다.

세상은 심드렁한 이들을 동기부여하며 이끌어줄 만큼 여유롭지 않다.

사회는 생각보다 바쁘고, 냉정하다. 움직이는 사람만이 다음 기회를 얻는다.

오늘의 1% 실천 포인트

1. 오늘 반드시 움직여라.
2. 작은 것 하나라도 스스로 맡아 끝내라.
3. 심드렁한 태도는 기회를 끊고, 주도적인 행동은 기회를 부른다.
4. 사회는 기다려주지 않는다. 지금 당장 행동하라.

02

사회생활은 '성격 문제'가 아니라 '근육 부족'이다

책임, 감정, 관계를 다루는 훈련이 필요한 이유

"사회는 학교와 다르다." 한 번쯤 들어봤을 이 말에는, 막연한 경고가 아니라 아주 현실적인 의미가 담겨 있다. 우리는 대부분 가정과 학교라는 비교적 안전한 환경 속에서 자란다. 그곳은 일명 '그냥 생활'의 영역이다. '그냥 생활'은 내 감정이 우선될 수 있고, 싫은 일은 피하거나 조율이 가능하며, 불편한 사람과는 일정 거리를 둘 수 있는 공간이다. 내가 느리든 예민하든, 주변이 그것을 존중해 줄 여지가 있다. 하지만 사회생활은 이와 본질적으로 다르다.

사회생활은 한마디로 '해야 하는 일'이 중심이 되는 삶이다. 하고 싶은 일만 하며 살 수 있는 사람은 극소수다. 대부분의 사람은 자신이 맡은 일을 감정과 상관없이 해내야 한다. 하고 싶지 않아도 마감은 맞춰야 하고, 몸이 힘들어도 약속한 결과는 내야 한다. 누군가 "힘들면 좀 쉬어"라고 말하기보다는 "그래도 마감은 지켜야지"라고 말하는 게 더 자연스러운 환경, 그것이 사회다. 이때부터 일의 의미, 나의 감정, 나의 페이스는 후순위로 밀린다.

또 다른 결정적인 차이는 사람이다. 학교에서는 대체로 나와 잘 맞는 사람들 중심으로 관계를 맺을 수 있다. 친한 사람과 팀플을 하고, 불편한 사람은 피하거나 거리를 두는 것이 가능하다. 그러나 사회생활은 다르다. 불편한 사람과도 반드시 함께 일해야 한다. 예를 들어, 말은 많은데 책임은 지지 않는 동료, 본인의 실수는 덮고 남의 실수만 지적하는 상사, 무능하지만 목소리만 큰 후배 등과 한 팀이 되는 경우도 흔하다. 때로는 그런 사람의 평가를 받아야 하고, 심지어 그와 협업해서 성과를 내야 한다. 감정적으로 대응하거나 무시한다고 해서 해결되지 않는다. 끝까지, 함께, 프로답게 일해야 한다.

이 지점에서 많은 이들이 혼란을 겪는다. "왜 이렇게까지 참고 살아야 하지?", "이건 너무 비인간적인 것 같아", "나만 너무 예민한 걸까?" 하지만 이런 생각은 개인이 이상해서 드는 것이 아니다. 단지, 사회생활이라는 특수한 환경에 대한 훈련이 부족했기 때문이다. 대부분은 '그냥 생활'에 익숙한 채로 갑작스럽게 사회라는 세계에 들어오게 된다. 문제는, 사회생활은 관계나 감정 중심이 아닌 성과 중심의 구조를 가지고 있다는 점이다. 다양한 배경과 가치관, 태도를 가진 사람들이 억지로라도 함께 모여 공동의 목표를 이루는 곳. 자연스럽게 굴러갈 수 없는 곳이기에, 거기에 맞는 훈련이 반드시 필요하다.

이 훈련은 마치 근육과 같다. 싫은 사람과도 함께 일할 수 있는 감정 조절 근육, 하기 싫은 일을 책임지고 해내는 근육, 사람과 사람 사이의 갈등을 넘어 협업을 이어 가는 관계 근육이 필요하다. 이 근육이 부족하면, 사소한 말에도 상처받고, 갈등 앞에서 무너지고, 결국 일에 대한 의욕도 자신감도 잃게 된다. 번아웃은 금방 찾아오고, 일터에서의 자기 존재감은 점점 약해진다. 반대로, 이 훈련을 충분히 받은 사람은 감정에 휘둘리지 않고 유연하게 관계를 맺으며 성과도 낸다. 감정을 눌러 참는다는 개념이 아니라, 감정을 다룰 줄 아는 사람이 된다는 의미다.

물론, 훈련이 되지 않았음에도 사회에서 리더가 되는 사람들도 있다. 빠른 성과, 좋은 배경, 운이 따라 승진하는 경우도 존재한다. 그러나 그런 리더는 종종 주변에 상처와 혼란을 남긴다. 책임은 크지만 관계는 얕고, 실력은 있지만 감정과 갈등을 다루는 능력이 부족하다 보니 조직은 지치고 팀은 무기력해진다. 사회는 단기 성과로만 운영되지 않는다. 감정, 책임, 관계라는 기본 근육이 받쳐주지 않으면, 겉은 멀쩡해 보여도 속은 곪아가게 된다.

그래서 이 훈련은 빠를수록 좋다. 사회생활의 본질을 일찍 인지하고 근육을 키우는 사람과, 나중에 아프게 부딪히고 깨지며 억지로 배우는 사람은 차이가 날 수밖에 없다. 감정에 휘둘리지 않고, 책임을 감당하며, 사람과 일 사이의 균형을 유지하는 힘은 하루아침에 생기지 않는다. 준비된 사람일수록 덜 다치고 더 오래간다.

혹시 지금 사회생활이 낯설고 버겁게 느껴진다면, 당신이 부족한 게 아니다. 그저 아직 훈련이 충분하지 않았을 뿐이다. 그러니 자책 대신 훈련을 시작하자. 감정, 책임, 관계의 근육을 차근차근 키워가다 보면, 당신은 '그냥 생활'에 머물던 사람이 아니라, 사회라는 복잡한 무대 위에서도 제 몫을 해내는 사람으로 단단히 성장해 있을 것이다.

오늘 하루 업무 속에서 작은 훈련을 해 보자. 하기 싫은 일 하나를 책임지고 끝까지 마무리하며 '책임 근육'을 키우자. 불편한 동료와의 대화에서 감정을 억누르기보다 차분하게 표현하며 '감정 근육'을 단련하자. 팀의 필요를 먼저 살펴 작은 협력을 실천하며 '관계 근육'을 쌓아 가자. 이렇게 매일 조금씩 훈련해 온 시간이 결국 사회생활을 버티는 힘이 된다.

3주 만에 평판이 갈리고, 90일 만에 굳어진다

시작을 망치면 만회는 쉽지 않다

사람들은 당신을 오래 지켜보지 않는다. 단 3주면 충분하다.

조직에서 새로운 사람이 들어오면, 동료들은 불과 몇 주 안에 "이 사람은 믿을 만한가, 불편한가"를 판별한다. 그것은 의도적인 평가가 아니라 본능적인 감각이다. 인사법, 시간 약속, 보고 습관, 작은 말투, 회의에 임하는 태도 하나까지도 다 지켜본다. 그리고 이렇게 내려진 판단은 90일 안에 굳어진다. 한 번 굳어진 평판은 이후 아무리 잘하려 해도 좀처럼 뒤집기 어렵다.

그렇다고 기본을 잘 지켰다고 해서 평판이 자동으로 좋아지는 건 아니다. 하지만 기본을 못 지키면 평판은 순식간에 나빠진다. 그래서 첫 3주 안에 보여 주는 태도와 습관이 무엇보다 중요하다.

코로나의 여파일까. 안타깝게도, 내가 체감하기로는 약 10년 전보다 지금의 대학생들이 이런 사회생활의 기본을 모르는 경우가 훨씬 많아졌다. 일단 인사를 하지 않는 것은 비일비재하다. 이어폰을 꽂은 채 멍한 표정으로 사람들을 못 본 척하며 자기 자리로 가는 모습은 낯설지 않다. 강의 시간에 옆 사람과 이야기하듯 소리 내며 혼잣말을 하는 학생들도 있다. 점심 시간이 불편하거나 메뉴가 마음에 들지 않으면 담배를 피우러 가거나, 편의점에서 혼자 밥을 먹거나, 회의실에서 잠을 청하는 경우도 제법 있다. 자신이 담당자인데도 그 업무를 팀장과 다른 팀원들에게 맡겨 놓고 퇴근 시간이 됐다고 유유히 나가는 경우도 있었다. 단체 메신저 방에서 팀장이 필독 공지라고 중요한 내용을 남겨도 무반응인 경우가 많고, 팀장이 자기보다 나이가 어리면 은근슬쩍 말을 놓는 태도도 나타난다. 심지어 10주~12주 동안 함께한 팀원들과 마지막 날 회식하는 자리조차 불편해하며 빠지려는 경우도 많았다.

이런 태도들의 문제는 단순한 성격의 문제일까? 흔히 "저 사람은 원래 그런 성격이야"라고 치부하기 쉽지만, 조금만 깊이 들여다보면 그렇지 않다. 대부분은 경험 부족, 훈련 부족, 그리고 사회생활에 대한 지식 부족에서 비롯된다. 사회생활을 처음 시작하는 이들은 아직 조직에서 어떤 태도가 신뢰를 주고 어떤 행동이 불편함을 주는지 체감할 기회가 많지 않았다. 또한 대학 시절에는 혼자 움직이는 경우도 많고, 팀 프로젝트를 해도 하루 1~2시간만 함께하는 경우가 대부분이라 조직 속에서 지켜야 할 기본 규칙이나 암묵적 기대치를 배우지 못한다. 따라서 사회생활에 필요한 지식을 습득하고, 경험을 누적하며, 반복 훈련을 거친다면 교정할 수 있는 가능성은 충분하다. 그렇기에 초반 3주는 단순히 평가받는 시간이 아니라, 이러한 부족함을 빠르게 메우고 성장할 수 있는 결정적 기회다.

우선, 출근, 회의, 마감 기한 같은 시간 약속을 지키는 것은 신뢰의 기본이다. 처음 몇 번 늦는 순간, "이 사람은 성실하지 않다"라는 이미지가 생긴다. 기본적인 인사와 태도를 지키는 것도 마찬가지다. 아무리 실력이 좋아도 인사를 하지 않거나 무표정으로 지나치면 '함께하기 불편한 사람'이라는 평가를 받는다. 가볍게 웃으며 인사하는 습관 하나가 평판을 크게 바꾼다.

보고와 소통도 빠르고 명확해야 한다. 일이 잘되고 있는지, 문제가 생겼는지를 공유하지 않으면 주변은 금세 불안해한다. "모르겠습니다"라고 솔직히 말하는 것이 '아무 말도 하지 않는 것'보다 훨씬 낫다. 작은 일도 끝까지 책임져야 한다. 사소한 업무를 대충 처리하면 큰일도 맡길 수 없다는 인식으로 이어진다. 맡은 일은 작더라도 반드시 완수하는 습관이 필요하다. 그리고 공식적인 자리에서 침묵하지 말아야 한다. 비공식 자리에서는 수다스럽다가도 정작 회의에서는 아무 말도 하지 않으면 책임을 피하는 사람처럼 보인다. 의견을 내는 연습이 곧 신뢰를 쌓는 과정이다.

단, 주의할 점은 좋은 인상을 주기 위해 너무 무리한 태도로 시작하지 말아야 한다는 것이다. 처음엔 밝게 인사하다가 시간이 지나면서 흐지부지하거나, 처음엔 적극적으로 세세하게 보고하다가 어느 순간 사라지는 경우가 있다. 이런 모습은 오히려 역효과를 낳는다. 어떤 시도든지 최소 90일은 유지할 수 있는 텐션으로 시작해야 한다. 작게 시작하더라도 꾸준히 이어 가는 습관이 결국 평판을 만든다.

첫 3주는 판별의 시간이고, 90일은 굳히기의 시간이다. 이때 보여 준 태도와 습관이 당신의 평판을 결정한다. 성과는 나중에도 쌓을 수 있지만, 초반에 잃어버린 신뢰는 좀처럼 회복되지 않는다. 시작을 망치면 만회는 쉽지 않다. 당신은 첫 3주를 어떻게 보내고 있는가?

오늘의 1% 실천 포인트

1. 출근·회의·마감 시간을 한 번도 어기지 않기

2. 만나는 사람에게 먼저 밝게 인사하기

3. 업무 진행 상황을 짧고 명확하게 공유하기

4. 맡은 일은 작더라도 반드시 끝까지 책임지기

5. 공식·비공식 자리에서 태도의 일관성 유지하기

04

실수보다 무서운 건
반복되는 작은 무심함이다

신뢰를 무너뜨리는 건 실패가 아니라 사소한 태도의 반복이다

실수는 누구나 할 수 있다. 오히려 실수 이후의 처세와 태도에 따라 신뢰를 회복할 수도 있다. 그런데 진짜 무서운 건 작은 무심함이 반복되는 경우다. 그때는 어느 순간부터 사람들의 마음이 차갑게 식어버린다. 그를 대하는 사람들은 무표정을 짓고 무관심해진다.

한국대학생인재협회에서 함께했던 한 부팀장이 떠오른다. 그는 팀원으로 활동할 때는 밝고 열정적이었다. 누구보다 빠르게 손을 들고 의견을 냈고, 회의 때마다 아이디어를 쏟아내던 친구였다. 그런데 다음 기수 부팀장으로 승진한 뒤 태도가 미묘하게 달라졌다.

제출한 콘텐츠 기획안에 대해서 팀장이나 국장이 수정 요청을 하면, 그 부분이 반영되지 않은 채 다시 올라오곤 했다. 마감 기한은 계속 놓쳤고, 무표정으로 앉아 말도 거의 하지 않았다. 주변에서 먼저 말을 걸기도 어려운 분위기를 만들었다. 팀원 시절의 열정은 온데간데없이 사라지고, '이 자리를 그냥 버티고 있는 건 아닐까?'라는 생각마저 들게 했다. 그로 인해 가장 힘들었던 건 그 위에 있는 팀장이었다. 팀을 이끌어 가는 데 있어 팀장과 부팀장의 호흡은 핵심인데, 무심함이 반복되자 팀장은 혼자서 짐을 짊어져야 했다. 팀장 입장에서는 부팀장이 오히려 팀원보다 못하다고 느끼는 순간이 점점 많아졌다.

사회생활에서 마주할 수 있는 무심함은 크게 두 갈래로 드러난다. 먼저, 업무에 무심하다고 느끼는 순간이 있다. 보고를 올려야 하는 시점에 연락이 닿지 않는다든지, 피드백이 전혀 반영되지 않은 결과물이 올라온다든지, 약속된 기한을 지키지 않는 모습에서다. 처음에는 바빠서 깜빡했겠거니 하며 이해할 수 있다. 하지만 이런 일이 반복되면 이야기는 달라진다. 결과물은 늘 엉성하고, 세세한 부분은 빠져 있으며, 다시 손봐야 할 구석이 많다. 동료나 상사가 추가로 확인하고 보완해야 하니 그만큼 부담이 늘어난다. 더구나 성과에 대해서도 무심한 태도를 보이면 신뢰는 더 빠르게 무너진다. 성과가 잘 나오지 않아도 원인을 찾고 개선하려는 의지가 보이지 않고, 본인의 결과물이 부족하다는 피드백에도 별 반응이 없다면 '이 사람은 일에 애정이 없다'라는 결론으로 이어진다. 이런 무심함은 처음엔 별것 아닌 것 같아도 결국 '이 사람에게 중요한 일을 맡길 수 없다'라는 낙인으로 이어진다.

다음은 팀에 무심하다, 타인에 대한 배려가 없다고 느끼는 순간이다. 팀 활동은 단순히 업무만 처리하는 자리가 아니다. 그 속에는 서로의 에너지를 주고받는 분위기가 있다. 그런데 회의 자리에 들어와 표정 하나 바뀌지 않고 무표정으로 앉아 있거나, 질문에 고개만 끄덕이고 아무런 말도 하지 않으면 공기가 금세 무거워진다. 분위기를 환기하기는커녕, 주변 사람들까지 조심스러워진다. 때로는 선배나 동료가 도움을 요청했을 때 무성의하게 반응하거나, 아예 대꾸조차 하지 않는 모습이 반복되면 더 큰 문제로 이

어진다. 나 하나의 무심함이 팀 전체의 리듬과 흐름을 깨뜨리고, 심지어는
'이 사람과는 함께 일하기 어렵다'라는 인식이 공공연하게 자리 잡는다.

업무나 팀에 무심하다고 여겨지는 행동을 더 떠올려 보자. 회의에서 의견을 묻자 "저는 잘 모르겠습니다"라는 말만 반복하거나, 수시로 휴대폰만 들여다본다. 또, 업무 분담이 이뤄졌을 때 "제 일이 아닌 것 같습니다"라며 선을 긋고, 다른 동료가 고생하는 상황을 모르는 체한다. 이런 태도는 함께 일하는 사람들의 사기를 꺾고, 팀의 응집력을 약화시킨다. 작은 배려, 짧은 격려 한마디가 팀 전체의 에너지를 살리는 만큼, 그 부재는 곧 무심함으로 해석된다.

사람들은 한 번의 큰 실수보다 '계속되는 작은 무심함'에서 더 크게 실망한다. 지각, 피드백이 반영되지 않은 결과물, 무표정한 태도 같은 사소한 것들이 모여 신뢰를 허물어버린다. 그리고 그것이 반복되면, 아무리 잘하려고 해도 더 이상 신뢰를 회복하기 어렵다.

작은 무심함은 스스로도 자각하지 못한 채 습관이 되기 쉽다. 그래서 더 무섭다. 결국 평판을 지켜 내는 힘은 거창한 성과가 아니라, 작은 순간들을 대하는 태도에서 나온다. 무심함의 반대편에는 언제나 작은 배려가 있다. 그 작은 배려를 반복하는 사람이 결국 오래 신뢰받고 더 큰 기회를 얻는다.

오늘의 1% 실천 포인트

작은 무심함 대신 작은 배려를 선택하자.

피드백은 꼼꼼히 반영하고 약속은 지키고 회의에서는 짧게라도 적극적으로 반응하라.

오늘 내가 보여 주는 사소한 태도 하나가 내일의 신뢰와 기회를 결정한다.

05

조직은 나를 위해 존재하지 않는다

부모님, 학교, 회사가 자신을 위해서 존재하는 것이 아니다

조직 안에서 일하다 보면 종종 이런 기대를 맞닥뜨릴 때가 있다. 부모는 나를 이해해 줘야 하고 학교는 나에게 맞춰 줘야 하며 회사는 내 성장을 책임져야 한다는 생각이다. 이 기대는 노골적으로 드러나기보다는 실망과 불평의 형태로 나타난다. "이 정도는 해줘야 하는 거 아닌가요?"라는 말속에는 조직이 나를 위해 존재해야 한다는 전제가 깔려 있다.

하지만 이 전제는 현실과 맞지 않는다. 조직은 개인의 만족을 위해 존재하지 않는다. 부모, 학교, 회사는 각자의 목적을 가지고 움직인다. 영유아 시기에는 부모의 전폭적인 관심 속에서 자신이 주인공인 것처럼 자랐을지 모른다. 그러나 성인이 되면서 개인은 더 이상 학교나 회사의 주인공이 아니라 그 구조 안에 참여한 구성원일 뿐이다. 이 기본 원리를 놓치는 순간 관계는 어긋나고 매사에 불만이 쌓이기 시작한다.

회사는 특히 그렇다. 회사는 나를 위해 만들어진 공간이 아니다. 나보다 회사가 먼저 존재했고 보통의 경우 내가 그 회사를 찾아 들어왔다. 이 순서를 정확히 인식하는 것이 출발점이다. 회사가 나를 찾아온 것이 아니라 내가 회사를 선택해 들어온 이상 기본 원칙은 분명하다. 회사가 나에게 맞추는 것이 아니라 내가 회사의 구조와 방식에 맞춰가는 것이 기본값이다.

그럼에도 매사에 회사의 시스템, 리더, 문화에 대해 불평과 불만을 쏟아내는 경우를 자주 본다. 물론 모든 조직이 합리적이거나 완성도가 높은 것은 아니다. 문제를 제기해야 할 순간도 분명히 있다. 그러나 많은 불만은 구조적인 문제 제기라기보다 조직이 나를 더 배려해 줘야 한다는 기대가 충족되지 않았을 때 나오는 반응에 가깝다. 이는 회사가 어떤 원리로 작동하는지에 대한 기본적인 인식이 스스로에게 정리되어 있지 않기 때문이다.

이 혼란은 학교와 회사를 동일한 기준으로 이해할 때 더 커진다. 학교와 회사는 자본주의 메커니즘 안에서 전혀 다른 원리로 작동한다. 대학교를 예로 들어 보자. 학교에서는 내가 돈을 낸다. 그 대가로 양질의 교육과 안전하고 윤택한 환경 등을 요구할 수 있다. 반면 회사에서는 내가 돈을 받는다. 이는 곧 조직의 목적을 위해 내가 기여해야 할 책임이 우선된다는 뜻이다. 이 차이를 무시한 채 회사를 학교처럼 생각하면 기대는 어긋날 수밖에 없다.

특히 사회 초년생일수록 이 경계를 혼동하는 경우가 많다. 회사가 가르쳐주길 바라고 성장 환경을 마련해 주길 기대하며 배려받지 못하면 실망한다. 하지만 회사는 학습 공동체가 아니라 성과 공동체다. 본질적으로 회사가 제공하는 것은 '돌봄'이나 '교육'이 아니라 '기회'다. 배움은 스스로 쟁취하는 것이지, 조직의 일차적 의무가 아니다. 이 기대를 내려놓지 못하면 회사는 늘 실망스러운 공간이 된다.

반대로 이 원리를 받아들이는 순간 관점이 바뀐다. "왜 나에게 이런 일을 시키지?"라는 질문 대신 "여기서 내가 기여할 수 있는 부분은 무엇일까?"를 묻게 된다. 조직을 대접받아야 할 공간이 아니라 내가 기여해야 할 공간으로 인식할 때 태도는 분명히 달라진다.

성숙한 사람이 된다는 것은 바로 이 지점에서 갈린다. 조직이 나를 위해 존재하지 않는다는 사실을 인정하는 순간 오히려 마음에 여유가 생긴다. 긍정과 감사가 자리 잡고, 불필요한 상처와 분노로부터 멀어진다. 역할은 자연스럽게 확장되고, 책임을 회피하기보다 감당하려는 태도가 생긴다. 그리고 조직은 바로 이런 사람을 신뢰한다. 기여하는 사람에게 기회를 주고 책임지려는 사람에게 결정권을 준다.

조직은 나를 위해 존재하지 않는다. 내가 어떤 태도로 그 안에 서느냐에 따라 조직은 나를 더 옹졸하고 더 편협하게 소모하게 하는 공간이 될 수도 있고 나를 더 넓히고, 깊고 단단하게 만드는 공간이 될 수도 있다. 결국 문제는 조직이 아니라 내가 어떤 기대를 품고 그 안에 들어왔는지에 있다.

오늘의 1% 실천 포인트

오늘 내가 조직에 기대하고 있는 것을 한 문장으로 적어 본다.
그 기대를 충족시키는 것이 조직의 의무인지 생각해 본다.
불평이 올라오는 순간 '내가 여기서 기여할 수 있는 건 무엇일까?'를 묻는다.
오늘 맡은 일 하나를 '배움의 관점'으로 다시 정의해 본다.
퇴근 전 오늘 내가 조직에 기여한 한 가지를 기록한다.

06

주인의식은 책임이지,
주인공 놀이가 아니다

순수한 책임은 힘이 되고, 과도한 집착은 짐이 된다

나는 이 글에서 과도한 주인의식이 어떤 문제를 일으키는지, 그리고 초점이 잘못 맞춰진 주인의식이 왜 위험한지 이야기하려 한다. 주인의식은 분명 조직에 꼭 필요한 태도지만, 잘못 자리 잡으면 개인과 조직 모두 불필요한 스트레스를 안게 되고 성장을 가로막는다.

먼저, 과도한 주인의식의 문제를 보자.

첫째, 지나친 책임감은 감당하기 힘든 스트레스를 만든다. "내가 이 조직을 다 책임져야 한다, 나 아니면 안 된다"라는 생각은 불안과 강박으로 이어지고, 결국 번아웃(burnout)으로 이어진다. 부담이 커서 회피하거나 아예 조직을 떠나는 경우도 있다. 또 업무에만 매달리다 보니 건강과 가정을 돌보지 못해 삶의 균형이 무너지는 경우도 많다.

둘째, 과한 주인의식은 통제 욕구로 드러난다. 모든 일을 자기 손을 거쳐야 직성이 풀리거나 다른 사람의 일까지 일일이 감시하는 태도다. 특히 리더가 이런 태도를 보이면 팀 전체의 자율성이 무너지고 분위기가 경직된다.

셋째, 인정 욕구에 쉽게 휘둘린다. "내가 가장 많이 희생했다"라는 생각 때문에 기대한 순간에 칭찬을 받지 못하면 시기나 질투가 생긴다. 심하면 감정이 상해 조직을 떠나기도 한다. "내가 없으면 조직이 안 돌아간다"라는 교만은 권위주의로 이어지고, 다른 사람의 의견을 무시하며 자기 뜻만 밀어붙이는 일방적 소통으로 변한다.

다음으로, 초점이 잘못 맞춰진 주인의식에 관해 이야기해 보자. 주인의식을 갖고 조직에 애정을 가지는 것은 좋지만, 자신이 실제 주인이 아니라는 점을 분명히 알아야 한다.

예를 들어, 한 커뮤니티 운영자가 광고 수익을 얻자 일부 회원들이 불만을 표한 일이 있었다. 그들은 "커뮤니티는 우리가 키웠는데 왜 운영자가 돈을 버느냐"라고 주장했다. 그러나 법적·실질적 주인은 운영자다. 회원들의 애정이 아무리 커도 운영자의 공로를 무시한 채 더 큰 주인 행세를 하는 것은 잘못된 태도다.

주인의식은 주인공 의식과 다르다. 순수한 주인의식은 보여 주기식이 아니라 묵묵히 맡은 일을 책임지는 태도에서 나온다. 그러나 주인공 의식으로 변질되면 스포트라이트만 좇게 된다. 칭찬을 받아야만 만족하고, 작은 지적에도 크게 흔들린다. 이렇게 피드백을 방어적으로 받아들이면 마음의 그릇은 작아지고, 성장은 멈춘다.

만약 내가 주인의식이 강한 편이라고 생각한다면, 이 글을 읽으며 스스로를 점검해 보자. 과도한 책임감에 짓눌려 있지는 않은지, 인정 욕구에 지나치게 사로잡혀 있지는 않은지, 실제 주인보다 더 주인 행세를 하며 불만을 품고 있지는 않은지, 혹은 주인의식이 어느새 주인공 의식으로 변해 버리진 않았는지 돌아볼 필요가 있다. 운동선수가 매일 몸의 컨디션을 점검하듯, 우리도 마음의 중심을 주기적으로 확인해야 한다. 그래야 건강한 주인의식을 지켜갈 수 있다.

오늘의 1% 실천 포인트

오늘, 주인공이 되려 하지 말고 책임자가 되라.
"내가 없으면 안 된다"라는 교만을 버리고 묵묵히 맡은 자리를 끝까지 책임져라.
순수한 주인의식은 나를 단단히 세우고, 조직을 건강하게 만든다.

07

진짜 놓치고 있는 자기 계발의 본질

막연한 불안감에서 벗어나 본질적인 자기 계발로

많은 사람이 학점, 토익, 자격증, 학위 같은 눈에 보이는 스펙에 매달린다. 대학생은 복수전공과 자격증, 사회 초년생은 단기 교육과 자격증 추가 취득, 직장인은 MBA나 각종 전문 과정을 선택한다. 이유는 단순하다. 짧은 시간 안에 결과가 눈에 보이기 때문이다.

그러나 채용이나 승진의 순간에 실제로 묻는 것은 다르다. 학점이나 점수가 아니라, 현장에서 경험한 문제를 어떻게 해결했는지, 동료와 어떻게 협력했는지가 핵심이다. 눈앞의 불안을 달래는 스펙은 잠시 도움이 될 수 있지만, 장기적인 경쟁력을 보장하지는 못한다.

진짜 자기 계발은 사회와 업의 본질에 맞닿아 있다. 시대가 달라져도 변하지 않는 핵심 역량은 소통, 관계, 문제 해결이다.

소통은 단순히 말을 잘하거나 글을 잘 쓰는 능력이 아니다. 상대방의 입장을 이해하고 자신의 생각을 명확히 전달하며, 갈등을 풀어 내는 힘이다. 이를 키우기 위해 교육을 받거나 책을 읽는 것도 좋지만 실제 사람들과의 관계 속에서 훈련해야 한다. 예를 들어, 윗세대와 소통이 유독 어렵다면 실제로 그 세대가 모이는 장소에 가서 대화를 나눠보는 것이다. 그러면 특정인의 독특한 성격이라고 여겼던 점이, 사실은 그 세대 전반에 나타나는 특징이라는 인사이트를 얻을 수도 있다. 이런 경험은 세대 이해의 저변을 넓히고, 서로의 간극을 줄여 가는 중요한 훈련이 된다.

관계 역량은 신뢰를 기반으로 협업하며 성과로 연결하는 능력이다. 인간관계는 시간이 쌓여야 단단해지므로 단기간에 성과를 내기는 어렵다. 그러나 작은 것부터 실천할 수 있다. 예를 들어, 프로젝트를 함께할 때 상대가 잘한 부분을 의도적으로 찾아내어 인정하고 격려하는 습관을 들여보자. 이런 태도는 관계를 긍정적으로 강화하며, 단순한 친밀감을 넘어 협업의 성공 가능성을 높여 준다.

문제 해결 역량은 문제를 정의하고 분석하며 실행까지 이어 가는 전 과정을 의미한다. 이를 기르려면 문제 상황을 회피하지 않고 직면하는 연습이 필요하다. 예를 들어, 업무 중 자꾸 반복되는 오류가 있다면 '누가 잘못했는가'를 묻기보다 '왜 같은 문제가 반복되는가'를 분석하고, 새로운 방식으로 해결책을 실험해 보는 것이다. 문제를 작은 단위로 나누어 접근하거나, 전혀 다른 관점에서 바라보는 습관도 문제 해결 능력을 강화한다.

이러한 본질적 역량은 자격증이나 점수와 달리 당장 성과가 보이지 않을 수 있다. 그러나 이런 훈련을 꾸준히 반복할수록 사회와 업의 본질과 맞닿은 힘이 길러지고, 결국은 어떤 자리에서도 인정받는 경쟁력이 된다.

자기 계발에서 중요한 것은 무엇을 먼저, 얼마나 깊이 있게 하느냐다. 불안을 덮기 위해 단기 성과가 보이는 공부에만 몰입한다면 시간이 지나도 본질적인 경쟁력은 쌓이지 않는다. 반대로 눈앞의 성과가 더디더라도 본질적인 역량을 훈련하고 깊이 있게 다진다면, 그 힘은 평생을 지탱해 주는 자산이 된다.

자기 계발은 결국 우선순위의 싸움이다. 스펙에 시간을 쓸 것인가, 아니면 본질적 역량에 시간을 쓸 것인가. 눈앞의 불안을 잠시 달래줄 것인가, 아니면 평생 경쟁력을 만들어 낼 것인가. 선택의 결과는 분명히 다르게 나타난다. 깊이를 놓지 않는 사람이 어디서든 인정받는 힘을 갖게 된다.

오늘의 1% 실천 포인트

1. 지금 하고 있는 자기 계발 목록을 적고 "이게 1년, 5년, 10년 뒤에도 여전히 쓸모 있을까?"를 스스로 물어라.
2. 세대 차이·관계 갈등처럼 나를 불편하게 하는 영역을 훈련의 장으로 삼아 보라.
3. 자기 계발 계획을 세울 때, 빨리 보이는 성과보다 오래가는 성장을 우선순위에 두라.

08

성장, 성실… 다 좋지만
그 중심을 잡는 건 성숙이다

'성장, 성실'이 절대 선은 아니다

나는 어린 시절부터 성취욕이 강한 편이었다. 그래서 성장과 성실이라는 가치를 마치 절대적인 선처럼 여기며 어리석게 행동한 경험이 많다. 초등학생 때는 '학생의 본분은 공부'라는 말에 꽂혀 공부에만 몰두했다. 문제는 그 과정에서 부모님께 짜증을 내거나 무례하게 행동하기도 했다는 점이다. '성실함'이 내게 최우선 가치가 되면서 정작 중요한 존중과 배려는 놓치고 말았다.

한국대학생인재협회 리더 초반, 나는 구성원들의 실력을 키우고 성장시키면 자연스럽게 조직에 대한 확신도 커질 것이라 믿었다. 그래서 기획, 스피치, 회의 등 다양한 역량을 가르치고 프로젝트 피드백을 주며 취업 준비까지 도왔다. 실제로 대기업, 외국계 기업에 취업하는 성과도 나왔다. 그러나 결론적으로 그들이 조직에 남아 헌신하려는 모습은 드물었다. 혜택은 누리려고 했지만, 비전에 동참하려는 태도는 부족했다. 그때 깨달았다. 성장은 일부일 뿐, 전부가 아니다.

성장은 분명히 높은 가치다. 그러나 지나치게 성장만 지향하면 문제가 생긴다. 늘 '지금보다 더 나아져야 한다'라는 압박 속에서 스스로를 조급하게 몰아붙인다. 정체기를 견디지 못하고 불안에 시달리기도 한다. 머리로는 "성장은 계단식이다", "성장에는 쉬어 가는 시기도 필요하다"라는 것을 알지만, 마음은 받아들이지 못한다.

또한 타인에게도 같은 기준을 들이대는 오류를 범한다. 어떤 사람들은 성장보다 생존이 더 시급한 상황에 있다. 환경적 어려움, 성향이나 정신적 요인 때문에 지금은 버티는 것만으로도 충분한 경우가 있다. 그러나 성장만을 절대 기준으로 삼는 사람은 이를 이해하지 못하고, 타인을 오만하게 평가하거나 성급히 판단할 수 있다.

성실 역시 높은 가치지만, 이것을 절대화하면 삶이 경직된다. "항상 최선을 다해야 한다"라는 강박 속에서 마음 편히 쉬지도 못하고, 노력한 만큼 성과가 나오지 않으면 쉽게 번아웃에 빠진다. 또 예상치 못한 상황—질병, 가족 문제, 사고—이 생겼을 때는 회복력이 약하다.

더 큰 문제는 성실의 기준을 타인에게도 강요하게 되는 것이다. 가까운 가족이나 동료에게 "당신도 성실해야 한다"라며 통제하려 하고, 결국 갈등을 만든다. 결국 성실은 본래의 선한 힘을 잃고 관계를 해치는 칼날이 되기도 한다.

결론은 분명하다. 성장과 성실은 중요한 가치지만, 그것만 붙잡으면 오히려 삶을 불행하게 만들 수 있다. 이 두 가치를 올바른 방향으로 이끄는 중심축은 바로 성숙이다.

성숙이란, 나와 타인을 동일하게 존중하는 마음, 긍정적인 세계관, 성장과 휴식의 균형을 아는 태도, 완벽함보다 꾸준함을 추구하는 자세다. 또 타인의 삶에 지나치게 개입하지 않고 적정한 거리를 유지하는 지혜다. 이런 성숙이 뿌리내릴 때 우리는 성장하면서도 행복할 수 있고, 성실하면서도 자유로울 수 있다.

오늘의 1% 실천 포인트

1. 성장이 멈춘 것 같아 불안할 때 "지금은 휴식과 정리의 시기일 수 있다"라고 인정하라.
2. 성실을 강조하다가 관계에 갈등이 생기려 한다면, 성실의 기준을 타인에게 강요하고 있지 않은지 돌아보라.
3. 하루를 마칠 때 "오늘 나는 성장과 휴식의 균형을 지켰는가?"를 점검하라.
4. 완벽 대신 꾸준함을 선택하라. 작은 성실이 모여 큰 성취가 된다.

09

지금 당장 꿈이 없어도 괜찮다

대신 〈프로답게 살자〉는 목표를 가져보자 그러면 없던 꿈이 생긴다

한국대학생인재협회에서 멘토로 활동하다 보면 아직 꿈을 찾지 못한 대학생들을 자주 만난다. 심지어 취업을 앞둔 상황임에도 어떤 산업군이나 직무를 선택할지 결정하지 못한 경우가 많다. 오히려 확실한 꿈이나 목표가 명확한 학생은 드문 편이다.

나도 대학생 때는 막연히 '언젠가 사업을 하고 싶다'라는 생각만 있었을 뿐, 구체적인 꿈은 없었다. 취업 준비를 할 때도 특정 산업군이나 직무를 한정하지 않고, 특별한 전공 지식이나 자격증이 요구되지 않는 영업, 마케팅, 홍보 등 다양한 직무에 지원했다. 결국 뜻밖에도 전략기획 직무로 배정되었고, 이후 마케팅으로 이동하며 커리어를 이어갔다. 그러다 출산을 계기로 퇴사해 한대협 활동과 개인 사업을 병행하게 되었다.

　그때까지도 여전히 "이것이 내 꿈이다"라고 말할 수 있는 구체적인 방향은 없었다. 다만 주어진 자리에서 성실하게 일했고, 맡겨진 역할을 충실히 감당하려 애썼을 뿐이다. 그런데 이상하게도, 그렇게 하루하루를 살아내면서 생각이 달라지기 시작했다.

　십여 년간 함께 헌신하고 성장한 리더들의 장단점과 역량을 가까이에서 보게 되면서, 이들이 어떤 사업을 하면 잘할 수 있을지에 대한 아이디어가 떠올랐다. 동시에 그것을 현실화할 방법도 구체적으로 고민하게 되었다. 지금 내 꿈은 나와 함께한 리더들이 각자 1인 기업으로서 건강하게 성장하는 것이다. 글을 쓰고 책을 내는 경험 역시 이 꿈을 실현해 가는 과정이라 생각한다.

　처음부터 또렷한 꿈이 있었던 것은 아니다. 하지만 하루하루 충실히 살아오다 보니, 어느 순간 꿈이 생겼고, 지금은 그 방향으로 조금씩 나아가고 있음을 느낀다.

　내가 꿈에 다가갈 수 있었던 이유는 단순하다. '지금 할 수 있는 일을 성실히 해내자'라는 태도였다. 무엇이 될지는 몰랐지만, 기회가 왔을 때 준비된 사람이 되고 싶다는 마음으로 꾸준히 노력했다. 한대협 리더 생활을 하면서 '프로답게 살자'라는 다짐이 더 단단해졌다. 그 덕분에 대학에서는 수석·조기 졸업을 할 수 있었고, 회사에서는 유능한 선배들과 함께하며 성장할 수 있었으며, 지금의 사업 운영까지 이어졌다.

　결국 중요한 것은 당장 꿈이 있느냐 없느냐가 아니다. 문제는 꿈이 없다는 이유로 오늘 하루를 낭비하는 것이다. 꿈이 아직 뚜렷하지 않더라도 '오늘 하루 프로답게 살자'라는 목표를 세우길 권하고 싶다. 충실한 하루하루가 쌓이다 보면 어느새 자신만의 꿈을 발견하게 된다. 꿈을 찾는 과정 자체가 삶이고, 그 속에서 성장하는 자신을 보는 것이 큰 행복이다.

　다시 강조한다. 지금 당장 확실한 꿈이 없어도 괜찮다. 불안해하거나 조급해하지 말고, 오늘 내게 주어진 일부터 프로답게 해내자. 그 길 위에서 분명히 자신만의 꿈과 목표를 만나게 될 것이다.

'프로답게 살자' 목표를 실천하기 위한 기준을 제시한다. 아래 비교를 읽으며 오늘 나는 어느 쪽에 더 가까운지 점검해 보자.

프로답게 사는 행동 vs 아마추어로 사는 행동

1. 시간 관리

프로: 약속 시간 5~10분 전에 도착한다.

아마추어: 매번 늦거나 사소한 변명으로 넘긴다.

2. 업무 태도

프로: 맡은 일을 끝까지 책임지고 완성한다.

아마추어: 일이 어렵거나 지루하면 대충 마무리하거나 미룬다.

3. 배움의 자세

프로: 모르는 것이 있으면 즉시 질문하거나 찾아본다.

아마추어: 모르는 채로 넘어가고 결국 같은 실수를 반복한다.

4. 관계 맺기

프로: 상대방을 존중하며 대화하고 신뢰를 쌓는다.

아마추어: 기분 내키는 대로 말하고 관계를 소모품처럼 대한다.

5. 일상 습관

프로: 작은 일도 성실하게 반복해 자신을 단련한다.

아마추어: 기분에 따라 하고 안 하고를 반복한다.

10

더 많이 시도하는 사람이 결국 이긴다

성공 확률을 높이는 가장 단순한 원리

TV 프로그램 〈유 퀴즈 온 더 블럭〉에 출연했던 수학 강사 정승제 선생님은 '큰 수의 법칙'을 이렇게 설명했다. 예를 들어, 자녀가 둘인데 둘 다 아들이라면 아들 낳을 확률은 100%로 보일 수 있다. 그러나 시행 횟수가 2밖에 되지 않아 나타나는 착시일 뿐, 수천만 건의 출산을 보면 결국 대한민국의 남녀 비율은 50:50에 수렴한다는 것이다. 즉, 큰 수의 법칙은 시행 횟수를 늘리면 결과는 수학적 확률에 가까워진다는 것이다.

나는 이 법칙을 성공과 실패에도 적용해 보고 싶었다. 물론 인생을 흑백처럼 단순히 성공과 실패로 나눌 수는 없지만, 나눌 수 있다고 가정해 보자. 한 개인이 작은 도전이든 큰 도전이든 시행 횟수를 늘린다면, 성공과 실패의 확률은 결국 50:50에 가까워질 것이다. 인생은, 수많은 시도 가운데 일부 성공을 발전·확장시켜 수익 모델과 커리어를 만드는 과정이 아닐까.

이 생각은 토머스 에디슨의 유명한 말과도 맞닿아 있다. "나는 실패한 것이 아니다. 단지 잘못된 1만 가지 방법을 발견했을 뿐이다" 결국 중요한 것은 한 번의 실패나 한 번의 성공이 아니라, 얼마나 많은 시행을 통해 나의 확률을 현실에 가깝게 만들고 있는가이다.

시행 횟수가 적은데 성공했다면,
아직은 운이 따른 것일 수 있다. 경험이 부족한 만큼 앞으로 실패할 일도 생길 수 있음을 기억하고, 리스크를 대비해야 한다. 시행 횟수가 많은 멘토와 코치의 조언을 적극적으로 구하고, 실패가 찾아오더라도 덤덤하게 받아들일 마음을 준비하자.

시행 횟수가 많은데 성공했다면,
지금의 성공 이전에 수많은 시도와 시행착오가 있었음을 잊지 말아야 한다. 성공뿐만 아니라 실패에서 배운 인사이트를 정리하고, 후배나 동료와 나누어라. 함께하는 사람들과 시스템을 만들면 더 많은 시행 횟수가 축적되고, 성공의 기회도 배가된다. 또한 그 긴 시간 동안 함께해준 사람들에게 감사하고 겸손한 태도를 유지하라.

시행 횟수가 적은데 실패했다면,
실패가 아니라 아직 부족한 시행착오로 보자. 꾸준히 시도하다 보면 성공은 반드시 찾아온다. 다만 같은 실수를 반복하지 않도록 원인을 분석하고, 멘토와 코치의 조언을 받아들여 개선하라. 무리한 투자나 한탕주의는 경계하고, 설령 성공하더라도 초심을 잃지 않고 성실한 태도를 유지해야 한다.

시행 횟수가 많은데 실패했다면,
많은 경험을 했음에도 성공하지 못했다면 자기 객관화가 부족했을 수 있다. 이전 경험을 정리하고, 자신을 잘 아는 주변 사람들에게 피드백을 구하

라. 뼈아픈 이야기라도 수용하고 개선해야 한다. 경험의 가짓수가 많다는 사실에 안주하지 말고, 의미 있는 실행을 쌓아가야 한다. 자신보다 어리더라도 배울 점이 있는 사람이라면 귀 기울여야 한다.

결론은 희망적이다. 한 사람이 수없이 도전하면 성공 확률은 결국 50%에 가까워진다. 사실 이는 놀라운 확률이다. 로또 당첨 확률이 50%라면 누가 사지 않겠는가. 중요한 것은 무수히 많은 시도를 담보하는 것이다. 그 과정에서 반드시 작은 성공이든 큰 성공이든 기회가 찾아온다. 그 기회를 놓치지 말고, 발전·확장시켜 자신만의 기반을 만들어가자. 그리고 성공했을 때조차, 수많은 시도 가운데 극히 일부가 성공했음을 기억하며 끝까지 겸손함을 잃지 말자.

『오늘의 1% 실천 포인트』

1. 실패가 두렵다면 '시행 횟수를 늘리는 것 자체가 성공으로 가는 길'임을 기억하라.
2. 오늘 한 번이라도 더 시도하고 그 결과를 기록하라.
3. 성공했을 때는 운이 따른 부분과 배운 인사이트를 분리해 정리하라.
4. 실패했을 때는 반복된 원인을 객관적으로 분석하고 멘토나 동료에게 피드백을 구하라.
5. 경험의 숫자가 아니라 경험에서 뽑아낸 교훈이 나를 성장시킨다는 사실을 명심하라.

11

숫자가 당신을 지배하지 못하게 하라

목표는 도구일 뿐, 주인이 되어서는 안 된다

20대 초반, 나는 구체적이고 야심 찬 목표가 나를 성공으로 이끌 것이라 믿었다. 그 시절 내가 세운 목표 중 하나는 다소 무리하면서도 매우 구체적이었다. "10년 뒤, 200개의 단체에 각각 일정 금액을 지원하겠다"라는 식의 계획이었다. 단순 계산만으로도 엄청난 규모였지만, 젊음의 패기와 열정은 현실적 한계를 쉽게 무시하게 만들었다.

그러나 시간이 지날수록 문제는 드러났다. 숫자와 계획을 세부적으로 정해놓다 보니, 목표를 떠올릴 때마다 동기부여가 되는 것이 아니라, 오히려 나와 목표 사이의 간극이 먼저 보였다. 그 간극은 조용히 압박으로 다가왔고, 어느 순간부터는 비전이 나를 이끄는 힘이 아니라 부담으로 작동하고 있었다.

그때 아버지가 건네주신 한마디가 내 마음을 흔들었다. "너무 과도하게 구체적인 목표는 오히려 더 큰 비전을 가로막을 수 있다." 그 말을 곱씹으며 나는 깨달았다. 목표를 숫자로만 쪼개는 방식이 결국 내 시야를 좁히고 있다는 것을. 그 후 나는 숫자에 매달리기보다, 내가 흔들리지 않고 추구해야 할 방향성과 가치를 중심에 두기로 결심했다.

나는 이제 이렇게 생각한다. 좋은 비전은 나 자신이나 타인을 옥죄지 않는다.

목표는 나를 억누르는 기준이 아니라, 내가 방향을 점검하는 도구여야 한다. 목표가 나를 끌고 가는 것이 아니라, 내가 목표를 다루어야 한다. 목표를 내가 다루면, 숫자에 휘둘리지 않는다. 만약 목표가 두려움과 압박으로 다가온다면 그것은 이미 건강한 비전이 아니다. 또 지나치게 수치화된 목표보다는, 어떤 방향으로 나아갈지, 그 과정에서 무엇을 가치로 삼을지가 더 중요하다. 수치 목표는 참고 지표일 수 있지만, 그것만이 기준이 된다면 큰 그림을 잃게 된다. 마지막으로, 비전은 언제든 유연하게 변화할 수 있어야 한다. 세상은 늘 변하고, 나를 둘러싼 상황도 바뀐다. 그런데 목표를 돌처럼 굳게 정해놓으면 오히려 나를 가두고 삶을 무겁게 만들 뿐이다.

이와 관련해, 최근 내 제자로부터 들은 이야기가 있다. 그가 다니는 회사는 부서별로 매우 높은 KPI를 부여받고 있었는데, 그 압박 때문에 부서장이 날카롭고 예민해졌다고 한다. 결국 직원들을 한 명씩 불러 신랄한 비판을 쏟아내면서, 팀 전체에 공포 분위기가 조성되었다는 것이다. 제자는 "회사에 출근하는 게 점점 동기부여가 안 되고, 오히려 부담스럽다"라고 털어놓았다. 'KPI'라는 숫자가 원래는 조직을 성장시키기 위한 도구였을지 몰라도, 그것이 지나치게 강조되자 사람들은 위축되고 관계는 경직되었으며, 결국 조직의 건강함마저 흔들리게 된 것이다.

이런 사례를 보면서 나는 숫자와 성과 지표를 대하는 개인의 태도가 무엇보다 중요하다고 느낀다. 숫자는 참고할 수 있는 하나의 '나침반'일 뿐, 내 존재나 가치 자체를 정의하는 기준이 되어서는 안 된다. 숫자가 기대에 미치지 못할 때 그것을 곧바로 실패로 받아들이기보다, 지금의 방향이 옳은지 점검하는 계기로 삼아야 한다. 또 숫자와 결과에만 몰두하다 보면 관계와 건강 같은 본질적인 것을 잃을 수 있으니, 언제나 균형을 지켜야 한다.

결국 중요한 것은, 숫자를 도구로 대하되 주인으로 두지 않는 것이다. 삶의 무게추를 성과 지표가 아닌 방향과 의미에 두어야 한다. 그렇게 할 때 목표는 나를 억누르는 짐이 아니라, 오히려 자유롭게 살아가도록 돕는 길잡이가 된다.

오늘의 1% 실천 포인트

1. 숫자를 참고 지표로만 사용하라

목표 달성률이 곧 나의 가치는 아니다. 숫자는 방향을 점검하는 도구일 뿐이다.

2. 결과보다 과정의 의미를 챙겨라

오늘 하루 어떤 태도로 임했는지, 내가 세운 가치와 일치하는 선택을 했는지를 먼저 돌아보라.

3. 균형을 잃지 말라

숫자에 집착하다가 관계나 건강을 잃는 것은 가장 큰 손해다. 성과와 더불어 삶의 전반을 함께 관리하라.

4. 유연성을 남겨두라

상황이 바뀌면 목표도 조정하는 것이 현명하다. 목표에 짓눌리지 말고 방향을 점검하는 기준으로 활용하라.

12

방향 없는 열심보다 중요한 것

중간 점검이 성장을 만든다

시험이 눈앞에 닥쳤다. 그런데 시험 범위도 아닌 부분을 붙잡고 밤늦게까지 공부하고 있다면 어떨까. 도서관이 문을 닫을 때까지 자리를 지키고, 친구들보다 늦게 집에 돌아가며 자신을 위로한다. "그래도 나는 열심히 했어", "이 정도면 후회는 없겠지"라고 자신을 위로한다. 노력한 시간만큼은 분명하다. 노트는 빼곡하고, 형광펜 자국은 겹겹이 쌓여 있다.

그런데 시험지를 받아 드는 순간 알게 된다. 내가 가장 공들였던 단원은 단 한 문제도 나오지 않았다. 오히려 대충 보고 넘겼던 부분에서 점수가 갈린다. 그제야 깨닫는다. 나는 열심히 했지만, 정확히 준비하지는 않았다는 사실을. 노력은 있었지만, 방향은 틀어져 있었다.

일에서도 같은 일이 벌어진다. 한 신입 사원이 있었다. 그는 누구보다 성실하고 열정적인 사람이었다. 입사하자마자 '무조건 열심히 해야 한다'라는 다짐으로 누구보다 늦게까지 남아 일을 챙겼다. 선배가 부탁하면 거절

하지 않았고, 새로운 업무가 주어지면 고민할 틈도 없이 달려들었다. 하루를 빈틈없이 채우는 것이 곧 성장이라고 믿었다.

그는 바쁘다는 사실에 안도했다. 일정표가 가득 차 있으면 잘하고 있다는 느낌이 들었다. 메일함이 비어 있지 않으면, 보고서 수정 요청이 많으면, 야근이 이어지면 오히려 "나는 열심히 일하고 있다", "나는 최선을 다하고 있다"라고 스스로 위로했다.

하지만 입사 6개월쯤 되었을 때 이런 평가를 받았다.

"열심히 하는 건 알겠는데, 성과가 잘 보이지 않는다."

그는 당황했다. 야근을 밥 먹듯이 했는데, 상사의 눈에는 핵심 기여가 보이지 않는다는 것이다. 그제야 멈추어 생각하게 되었다. 내가 많이 한 것과 제대로 한 것은 다를 수 있겠구나.

그는 게으르지 않았다. 오히려 누구보다 부지런했다. 문제는 중간 점검이 없었다는 점이다. 그는 한 번도 스스로에게 이렇게 묻지 않았다.

"내가 지금 하고 있는 일이 팀의 우선순위와 맞는가."
"이 업무는 회사가 원하는 핵심 성과와 연결되는가."
"내가 시간을 쏟는 만큼 제대로 배우고 성장하고 있는가."

질문이 없으니, 방향도 없었다. 보고서는 꼼꼼했지만, 핵심에서 비켜났고, 업무량은 많았지만, 전략과 연결되지 않았다. 그는 열심히 움직였지만, 정확히 겨냥하지는 못했다. 점검 없는 열심은 쉽게 빗나간다.

중간 점검은 단순히 속도를 늦추는 행위가 아니다. 방향을 확인하는 행위다. 우리는 일을 시작할 때 분명한 이유와 목표를 가지고 출발한다. 그러나 시간이 지나면 '왜'보다 '얼마나 많이'에 집중하게 된다. 바쁨이 성실의 증거처럼 느껴지고, 피곤함이 노력의 훈장처럼 여겨진다. 그 순간부터 노력은 방향을 잃는다.

그래서 질문이 필요하다.

"내가 이 일을 시작한 이유는 무엇인가."
"지금 내가 하는 일이 목표와 연결되어 있는가."
"내가 쏟는 시간이 실제 성과와 성장으로 이어지고 있는가."

이 질문은 멈추기 위한 질문이 아니다. 수정하기 위한 질문이다. 방향을 점검하는 순간, 열심은 단순한 소비가 아니라 축적으로 바뀐다.

많은 사람이 일을 하다 지치는 이유는 체력이 부족해서가 아니다. 방향이 불분명한 상태에서 계속 달리기 때문이다. 왜 이 일을 하는지에 대한 이유가 흐려지면, 노력은 점점 무게가 된다. 성취감은 잠깐이지만 피로는 오래 남는다. 결국 "나는 왜 이렇게까지 해야 하지?"라는 질문 앞에서 흔들린다.

반대로 방향이 분명하면 같은 노력도 축적이 된다. 오늘의 작은 수고가 어디로 향하고 있는지 알 때, 사람은 쉽게 무너지지 않는다. 속도가 조금 느려져도 괜찮다. 중요한 것은 제대로 가고 있는지 확인하는 일이다.

열심은 필요하다. 그러나 방향 없는 열심은 위험하다. 중요한 것은 멈추어 점검할 줄 아는 용기다. 그 질문 앞에서 정직해질 수 있는 사람이 결국 더 단단하게 성장한다.

오늘의 1% 실천 포인트

1. 매일 아침 오늘 내가 집중해야 할 일 3가지를 정리하라.
2. 업무를 마친 후 '이 일이 팀/조직의 목표와 연결되었는가?'를 점검하라.
3. 방향이 흐려졌다고 느껴진다면 상사나 멘토에게 짧은 피드백 시간을 요청하라.

13

나만 너무 애쓰고 있는 것 같을 때

책임감이 아닌 중압감에서 빠져나오기

야구 경기를 보면, 투수가 흔들릴 때 야수들이 마운드로 모여드는 장면이 있다. 그들이 투수에게 건네는 말은 단순하지만 깊다. "너 혼자 야구하는 거 아니야. 우리가 다 막아 줄 테니까 우리 믿고 던져. 맞아도 되니까 그냥 가운데로 던져." 이 말은 놀라운 효과를 발휘한다. 투수는 마음을 추스르고 다시 공을 던진다. 이 경기를 자기 혼자 책임지는 게 아니라는 걸 인식하는 순간, 긴장이 풀리고 리듬이 돌아오기 때문이다.

내가 가르쳐온 대학생 리더 중에도 꼭 그 투수 같은 친구들이 있었다. 팀을 이끄는 리더로서, 혹은 프로젝트를 책임지는 담당자로서, 이 모든 성과가 자기 손에 달려 있다고 느끼며 스스로를 압박하곤 했다. "내가 실수하면 끝이야.", "이건 다 내 책임이야." 그렇게 혼자 짊어진 책임감은 처음엔 프로 의식처럼 보였을지 모르지만, 시간이 지날수록 그들은 점점 지쳐갔다. 실수에 대한 두려움은 커졌고, 결국 번아웃 직전까지 가는 경우도 있었다.

55

책임감은 물론 중요하다. 하지만 모든 걸 나 혼자 감당하려는 생각은 책임감을 넘어선 중압감이 된다. 그리고 이 중압감은 사람을 오래 버티지 못하게 만든다. 과도한 부담감은 스스로를 옥죈다. 실수 하나에 지나치게 스트레스를 받고 주변에 도움을 청하지 못한 채 결국 혼자 애쓰다 무너진다.

그래서 때때로 우리에겐 짐을 내려놓는 연습이 필요하다. 마음의 무게를 나누는 연습, 결과가 아닌 과정에 집중하는 연습, 그리고 '내가 다 해내야 한다'라는 생각에서 한 걸음 물러서는 연습 말이다. 가장 먼저는 앞서 얘기한 야수들의 이야기처럼 팀을 믿는 일부터 시작할 수 있다. 완벽해지려 하지 말고, 내가 실수해도 누군가 커버해 줄 수 있다는 신뢰를 갖는 것이다. 그래야 다음 공을 편하게 던질 수 있다. 또 결과보다 과정에 집중하자. '잘해야 한다'라는 생각은 우리를 경직시키고 오히려 제 실력 발휘를 방해한다. 반면 '과정이 중요하다'라는 생각은 결과에 대한 부담감을 덜어 주며 몰입을 도와준다. 결국 성과는 꾸준히 반복하는 과정에서 나오지 않겠는가.

말의 프레임을 바꾸는 것도 큰 힘이 된다. "그냥 제가 다 할게요"보다 "같이 하고 싶어요", "팀원님을 믿어요"라는 말은 심리적인 무게를 덜어 준다. 이런 말 한마디가, 나도 모르게 짊어진 책임의 무게를 조금 내려놓게 해 준다.

물론 이쯤에서 누군가는 현실적인 문제를 이야기할 수도 있다. "그런데 우리 팀엔 믿고 맡길 사람이 없어요." 정말 그럴 수도 있다. 팀원들의 역량이 아직 부족하거나, 책임을 나눌 자세가 되어 있지 않은 상황일 수도 있다. 그런 상황이라면, 이 질문을 스스로 던져볼 필요가 있다. '내가 기대하고 있는 이 성과는 지금 이 팀의 역량 안에서 가능한 수준인가?' 만약 아니라면, 그건 책임감이 아니라 욕심일 수 있다. 지금 팀이 할 수 있는 만큼의 적정 성과를 목표로 삼는 것, 그것이야말로 현실적이고 건강한 리더십이다. 과도한 욕심은 자기 자신을 고립시킬 뿐이다.

혼자 끌고 가는 사람은 결국 오래가기 어렵다. 성과도 함께 만드는 것이고, 실패도 함께 겪는 것이다. 혼자 모든 걸 책임진다고 해서 더 좋은 결과가 나오는 것도 아니다. 혹시 지금 자기 역할에 대해 과도한 부담감을 느끼고 있다면, 이 말을 자신에게 해 보자. "나 혼자 다 감당해야 하는 건 아니야."

지금 내가 짊어지고 있는 책임감은 건강한 수준일까, 아니면 나도 모르게 중압감으로 바뀌어 버린 건 아닐까? 아래 체크리스트를 통해 한번 점검해 보자. 부담과 책임 사이에서 내 마음이 어디쯤 있는지를 살펴보는 것만으로도 자신을 돌보는 기회가 될 수 있다.

건강한 책임감인지 버거운 중압감인지 구분하는 10가지 질문

1. 일에 집중이 잘 된다.
2. 완벽하지 않아도 괜찮다는 생각으로 일을 한다.
3. 내가 도움이 필요할 때 누군가 도와줄 것이라는 팀에 대한 신뢰가 있다.
4. 팀에서 '혼자 일한다, 외롭다'라는 생각이 들지 않는다.
5. 다른 팀원들이 대체로 자기 역할을 잘하고 있다고 생각한다.
6. 업무 중 실수를 하거나 기대에 못 미치는 결과가 나와도 과하게 자책하지 않는다.
7. 내가 목표한 수준은, 나 혹은 우리 팀이 감당 가능한 선이라고 생각한다.
8. 나는 혼자 다 해내야 한다는 생각 대신, 역할을 나누는 게 효율적이라 생각한다.
9. 일이 잘 풀리지 않으면 누구에게든 주저하지 않고 솔직하게 도움을 요청할 수 있다.
10. '이 일 너무 버겁다', '그만두고 싶다'라는 생각을 한 적이 없다.

8개 이상 '그렇다': 책임감을 건강하게 유지하고 있는 상태다.

5~7개 '그렇다': 책임감과 중압감 사이에 있다. 약간의 조정이 필요하다.

4개 이하 '그렇다': 과도한 부담감을 느끼고 있을 가능성이 크다. 속도를 늦추고, 도움을 구하고, 기대치를 재정비해야 할 시점이다.

오늘의 1% 실천 포인트

책임감은 지키되 짐은 나누자.

"나 혼자 다 해야 한다"라는 생각이 들었다면 그건 책임감이 아니라 중압감이다.

오늘은 결과보다 과정을 바라보고 "제가 다 할게요" 대신 "같이 하고 싶어요"라고 말해 보자.

이 작은 전환이 무게를 덜고 더 멀리 가게 만든다.

14

힘을 빼야 실력이 산다

부담에서 벗어나 자연스러움으로 나아가는 법

우리가 모두 경험해 본 감정이 있다. 바로 '잘해야 한다'라는 압박감이다. 첫 회의, 첫 보고, 첫 프로젝트에서 완벽하게 해내고 싶은 마음은 당연하다. 하지만 아이러니하게도 이 마음이 오히려 우리를 긴장시키고 몸을 경직되게 만든다. 머릿속은 하얘지고, 평소에 연습한 대로 나오지 않는다. 결국 준비한 만큼의 실력을 발휘하지 못한 채 자리를 내려오는 경우가 많다.

진짜 고수는 힘을 빼야 할 때를 안다. 긴장을 완전히 없애는 것이 아니라, 불필요한 힘을 내려놓는다. 그렇다면 어떻게 힘을 빼는 법을 터득할 수 있을까.

처음 회사 생활을 시작하면 작은 일에도 긴장된다. 보고서를 팀장 앞에서 설명해야 할 때 목소리가 떨리고, 회의 자리에서 의견을 말하려다 말문이 막힌다. 그러나 같은 상황을 반복해서 겪다 보면 조금씩 여유가 생긴다. 수십 번, 수백 번 발표하다 보면 몸이 스스로 '이 정도는 괜찮다'라는 감각을 익힌다. 반복은 기술을 넘어 마음의 안정감을 만든다.

또 하나 중요한 차이가 있다. 중요한 순간일수록 사람들은 '떨지 말자, 틀리지 말자, 실수하지 말자' 같은 금지어를 마음속에 쌓는다. 그러나 이런 다짐은 오히려 더 긴장을 불러온다. 머릿속이 '하지 말자'로 가득 차면, 정작 내가 해야 할 일에 집중하지 못한다.

고수들은 기준을 다르게 세운다. 많은 사람 앞에서 노래를 한다면 '떨지 말자'가 아니라 '감정을 전달하자'에 집중한다. 회의 발표라면 '틀리지 말자'가 아니라 '핵심 메시지를 분명히 전하자'라는 목표를 세운다. 금지어는 몸을 위축시키지만, 실행어는 몸을 움직이게 만든다.

우리가 자주 빠지는 또 하나의 함정은 비교와 조급함이다. 나보다 발표를 잘하는 동기, 빠르게 성과를 내는 선배를 보면 금세 위축된다. 하지만 성장에는 개인마다 고유한 속도가 있다. 중요한 것은 완벽한 결과가 아니라 어제보다 조금 나아졌는가다.

또 하나 분명히 해야 할 것이 있다. 힘을 뺀다는 말이 목표까지 내려놓는다는 뜻은 아니다. 스스로에게 한없이 관대해져도 된다는 의미도 아니다.

고수들은 오히려 목표를 분명히 세운다. 자신이 어디로 가고 싶은지, 어떤 수준에 도달하고 싶은지 또렷하게 알고 있다. 다만 그 목표를 붙드는 방식이 다르다. '이번 한 번에 반드시 증명해야 한다'라는 조급함 대신, '나는 이 방향으로 계속 간다'라는 태도를 택한다.

목표는 선명하게, 노력은 꾸준하게. 그러나 달성의 시간을 강박적으로 제한하지는 않는다. 오늘 완벽하지 않아도 방향이 맞다면 계속 간다. 실패하더라도 그 실패를 경로 수정의 자료로 삼는다.

힘을 뺀다는 것은 기준을 낮추는 것이 아니라, 조급함을 낮추는 것이다. 목표를 포기하는 것이 아니라, 결과에 매달린 긴장을 내려놓는 것이다.

그래서 고수들은 흔들리지 않는다. 잘하고 싶다는 욕심은 있지만, 이번 한 번으로 모든 것을 증명하려 들지 않는다. 오늘은 과정에 집중하고, 내일은 다시 보완한다. 그렇게 쌓인 반복이 결국 실력을 만든다.

힘을 뺄 줄 아는 사람은 느슨한 사람이 아니다. 방향은 단단하게 붙들고, 마음의 긴장만 내려놓은 사람이다. 그래서 더 오래 가고, 더 멀리 간다.

오늘의 1% 실천 포인트

1. 오늘 긴장되는 자리가 있다면 "실수하지 말자" 대신 "핵심 메시지를 꼭 전하자"라고 마음먹어라.
2. 발표나 보고가 서툴러도 괜찮다. 경험이 쌓이면 자연스러워진다는 사실을 기억하라.
3. 다른 사람과 비교하지 말고 어제보다 한 걸음 나아간 나를 확인하라.
4, 실패를 두려워하지 말고 "못해도 괜찮아, 다음이 있다."라는 태도로 자신을 대하라.

15

무너지는 건 실력 때문이 아니다

대부분은 전날의 선택 때문이다

얼마 전 뉴스에서 이대호 선수가 프로야구 신인 선수들에게 공식적으로 조언하는 장면을 보았다. 화려한 기술이나 기록 이야기가 아니라 의외로 아주 단순한 말을 했다.

"시합할 때만 프로가 아니다. 일상에서도 프로여야 한다."

이 말은 훈련을 더 열심히 하라는 조언이 아니었다. 그는 일상 전체가 이미 경기의 연장선이라는 점을 짚었다. 개인 SNS 활동, 평상시의 언행, 그리고 운동 외적으로 몸을 다칠 가능성까지 모두 선수 스스로가 책임져야 할 영역이라는 것이다. 실제로 그는 프로가 된 이후 20여 년 동안 스키장을 한 번도 간 적이 없다고 한다. 스키가 나빠서가 아니다. 한 번 무너진 몸은 다시 회복하는 데 훨씬 더 많은 시간과 대가가 든다는 걸 알았기 때문이다.

이 이야기를 들으면서 나는 '무너짐'이라는 단어를 다시 생각하게 됐다. 우리는 보통 무너지는 이유를 실력에서 찾는다. 준비가 부족했거나 경험이 모자랐거나 집중력이 떨어졌다고 설명한다. 하지만 현실에서 많은 무너짐은 그렇게 극적인 이유로 시작되지 않는다. 오히려 너무 사소해서 그냥 넘겨버린 선택들에서 시작된다.

전날의 선택이 가볍다. 오늘은 조금 풀어져도 된다고 생각한다. 일정은 늦어지고 휴식은 밀린다. 몸은 피곤하지만 "이 정도는 괜찮겠지"라며 넘어간다. 다음 날 아침, 큰 사고는 없다. 출근은 했고 할 일도 한다. 하지만 말이 예전 같지 않고 판단은 느려지고 감정은 쉽게 날카로워진다. 평소라면 한 번 더 생각했을 말을 무심코 내뱉고 그냥 넘기지 않았을 일을 대충 넘긴다. 하루가 끝날 즈음 스스로 안다. 오늘의 나는 어제의 나보다 조금 별로였다는 걸.

이건 컨디션 문제처럼 보이지만 사실은 누적의 문제다. 하루, 이틀은 버틸 수 있다. 문제는 이런 날들이 반복될 때다. 실력은 그대로인데 태도와 신뢰가 먼저 닳아 간다. 그리고 어느 순간 사람들은 이렇게 말한다. "요즘 저 사람, 예전 같지 않다."

무너지는 건 그날의 실수 때문이 아니다. 그 전날의 선택들이 쌓인 결과다. 이 구조가 더 분명해진 건 내 삶에 여러 역할이 동시에 얹히면서부터였다. 아이들을 돌보고 집안일을 감당하고 사업체를 운영하고 한 단체를 이끌며 꾸준히 글을 쓰고 석사 논문을 준비한다. 어느 하나만 해도 에너지가 필요한 일들이다. 이 역할들이 동시에 굴러갈 때는, 하루의 컨디션이 그날의 결과에만 영향을 주는 것이 아니라 삶 전체의 균형성과 직결된다.

이 지점에서는 더 잘 해내는 능력보다 이미 쌓아 올린 상태를 어떻게 유지하느냐가 훨씬 중요해진다. 무언가를 더 얹는 선택보다 나를 조금씩 소모하는 선택을 얼마나 줄이느냐가 관건이 된다. 하루를 버텨 내는 게 아니라 다음 날까지 흔들림 없이 이어 갈 수 있느냐의 문제다.

그래서 나는 일을 더 잘하기 위해 애쓰기보다 내 페이스를 무너뜨릴 가능성이 있는 선택을 먼저 살핀다. 예를 들면 무리한 운동을 하지 않는다. 몸에 좋다는 이유로 시작했다가 회복에 이틀이 걸리는 활동은 현재 삶의 리듬과 맞지 않는다. 약속도 연속으로 잡지 않는다. 하루의 피로를 다음 날까지 빚으로 넘기지 않기 위해서다.

이런 선택을 두고 누군가는 말한다.
"너무 조심하는 거 아니야?", "그렇게까지 해야 해?"
하지만 이건 조심성의 문제가 아니다. 이미 쌓아 올린 것을 쉽게 소모하지 않겠다는 태도에 가깝다. 올라가는 데 쓴 시간보다 유지하는 데 드는 시간이 훨씬 길다는 걸 알게 되었기 때문이다.

많은 사람들은 더 잘하려 애쓴다. 더 노력하고 더 버티고 한 번 더 밀어붙이려고 한다. 하지만 어느 시점부터는 싸움의 성격이 바뀐다. 그때의 싸움은 공성이 아니라 수성이다. 더 뚫어야 하는 싸움이 아니라 무너지지 않기 위한 싸움이다. 이 싸움은 요란하지 않다. 대신 매일의 선택을 요구한다.

프로는 언제나 가장 뛰어난 사람이 아니다. 대신 가장 오래 자기 상태를 지켜 낸 사람이다. 무너질 수 있는 선택 앞에서 한발 물러설 줄 아는 사람이다. 하루를 망칠 자유를 스스로에게 허락하지 않는 사람이다.

그래서 이제 나는 이렇게 묻는다.
이 선택이 나를 더 빛나게 할지를 묻기 전에
이 선택이 내일의 나를 깎아 먹지는 않을지를 먼저 생각한다.

무너지는 건 실력 때문이 아니다.
대부분은 전날의 선택 때문이다.

오늘의 1% 실천 포인트

오늘 밤, 내일의 나를 깎아 먹을 수 있는 선택 한 가지를 먼저 끊는다.
"이 정도는 괜찮겠지"라는 생각이 들면 바로 멈추고 기준을 낮추지 않는다.
내일 중요한 일을 하나 떠올리고 그 일을 지켜 줄 전날의 선택을 하나 정한다.
몸, 감정, 일정 중 가장 먼저 무너지는 지점을 체크하고 거기에만 집중한다.
오늘을 잘 보내는 목표를 "잘 해내기"가 아니라 "무너지지 않기"로 바꾼다.

16

팔로워로 살아낸 시간이 평판이 된다

앞에 서기 전, 어떻게 따랐는지가 리더를 만든다

우리는 리더가 되는 순간부터 평가받는다고 생각한다. 앞에 서고, 결정을 내리고, 방향을 제시하는 자리에 올라서야 비로소 그 사람의 역량과 자격이 검증된다고 여긴다. 그러나 평판은 그보다 훨씬 이전에 만들어진다. 아무도 주목하지 않을 때, 결정권이 없을 때, 따르는 위치에 있을 때 이미 쌓이기 시작한다. 앞에 서기 전, 어떻게 따랐는지가 결국 그 사람의 신뢰를 결정한다.

나는 한국대학생인재협회라는 조직을 20년 가까이 섬겨 왔다. 직장을 다니면서도, 사업을 하면서도, 아이를 낳고 키우면서도 이 일을 놓지 않았다. 유산을 겪었을 때도, 출산 후 조리원에 있을 때도, 39도가 넘는 고열로 힘들 때도, 사업이 어려웠던 시기에도 맡은 역할을 내려놓지 않았다. 단지 열정 때문만은 아니었다. 내가 맡은 자리에 대한 책임감, 그리고 나를 믿고 역할을 맡겨 준 분들의 신뢰를 저버리고 싶지 않았기 때문이다.

그 시간들은 겉으로 드러나는 성과는 아니었다. 직함이 바뀌거나 권한이 늘어난 것도 아니었다. 그러나 조직 안에서 나를 설명하는 가장 강력한 이력이 되었다. 팔로워로 버텨 낸 시간은 조용히 나의 평판이 되어 있었다.

팔로워의 자세를 말할 때 흔히 '잘 따르는 것'을 떠올린다. 내가 속한 조직의 리더는 확신이 강하고 방향이 분명한 분이다. 그분의 모든 결정이 내 생각과 같았던 것은 아니다. 때로는 이해되지 않는 지시 앞에서 수많은 질문이 마음속을 맴돌았다. 20대 시절에는 그 질문을 여과 없이 드러내다 크게 혼난 적도 있다.

그 시간을 지나며 나는 배웠다. 실행은 단순한 순종이 아니라, 이해의 과정이라는 것을.

당시 리더는 흐름을 끊지 않는 운영을 중요하게 여겼다. 한 기수가 끝나면 곧바로 다음 기수를 시작해야 한다는 방향이었다. 그 판단에는 조직을 향한 열정과 긴장감을 유지하고자 하는 의도가 담겨 있었다. 나는 그 방향 안에서 역할을 감당했다. 다만 마음 한편에는 '지속 가능성'에 대한 질문이 남아 있었다. 과연 이 속도가 모두에게 건강한가에 대한 고민이었다.

솔직히 말하면, 나는 그 판단에 전적으로 동의하지는 않았다. 그러나 그때의 나는 그것을 충분히 설득할 만큼 경험과 근거가 있지 못했다. 그래서 우선 그 방향안에서 최선을 다해 운영해 보았다.

시간이 흐르며 구성원들, 특히 중간 리더들의 피로도와 소진이 점차 드러나기 시작했다. 그때 비로소 나는 말할 수 있었다. "우리가 오래 가기 위해서는 숨 고르는 시간이 필요합니다." 감정이 아니라, 현장에서 확인한 경험을 바탕으로 조심스럽게 의견을 전했다.

충분한 논의 끝에, 한 기수가 끝나면 2~3주의 쉼을 두는 구조로 조정하게 되었다. 방향을 부정한 것이 아니라, 더 오래 가기 위한 방식으로 다듬어 간 과정이었다.

그때 깨달았다. 팔로워십은 무조건적인 동의가 아니다. 그렇다고 충언이라는 이름으로 성급히 반기를 드는 것도 아니다. 내가 이해한 팔로워십은 먼저 충분히 실행해 보고, 현장을 통과해 본 뒤, 경험과 근거 위에서 더 나은 방향을 함께 제안하는 태도다. 말이 아니라 실행으로 신뢰를 쌓고, 감정이 아니라 데이터와 경험으로 의견을 더하는 것. 서둘러 반대하는 사람은 쉽게 잊히지만, 끝까지 감당한 뒤 말하는 사람은 다르게 기억된다. 그리고 그 기억이 결국 한 사람의 평판을 만든다.

나는 또 하나의 원칙을 지켜 왔다. 어떤 상황에서도 정직하게 보고하는 것이다. 성과를 포장하고 싶을 때도 있었고, 불리한 상황을 감추고 싶은 유혹도 있었다. 그러나 단 한 번도 사실을 왜곡하지 않았다. 정직함은 때로 불편하고 즉각적인 이익을 주지 않는다. 하지만 시간이 흐를수록 사람들은 '있는 그대로 말해 주는 사람'을 기억한다. 평판은 화려한 성취보다 반복된 정직에서 만들어진다.

리더의 결정이 조직에 리스크가 될 수 있다고 판단될 때도 나는 피하지 않았다. 1:1로 조심스럽게 의견을 전했다. 단지 반대하기 위해서가 아니라, 조직 전체의 영향을 함께 고민하기 위해서였다. 받아들여지지 않더라도 괜찮았다. 팔로워로서 내가 감당해야 할 책임을 다하는 것이 우선이었다.
팔로워십은 무조건적인 순종이 아니다. 조직을 생각하며 균형을 잡는 태도다. 무조건 따르지도, 쉽게 등을 돌리지도 않는 사람. 그 자리를 지키며 책임을 감당하는 사람이 결국 신뢰를 얻는다. 그리고 그 신뢰는 시간이 지나면 하나의 평판이 된다.

돌아보면 나는 거창한 리더십을 배운 적이 없다. 다만 주어진 자리에서 묵묵히 역할을 감당했을 뿐이다. 그러나 그 반복이 나를 설명하는 언어가 되었다. 리더십은 어느 날 갑자기 주어지는 권한이 아니라, 오랜 시간 축적된 태도의 결과다. 꾸준함, 진심, 정직, 용기. 이 네 가지는 팔로워에게 필

요한 덕목이지만, 동시에 신뢰받는 리더를 만드는 조건이기도 하다. 평판
은 이렇게 반복된 선택과 태도가 쌓여 자연스럽게 형성된다.

리더가 되고 싶다면 먼저 잘 따를 줄 아는 사람이 되어야 한다. 주목받지
않는 자리에서 어떻게 행동하는지가 결국 그 사람을 설명한다. 묵묵히 받
쳐 준 시간은 절대로 사라지지 않는다. 그 시간은 언젠가 그를 앞에 세울
토대가 된다.
결국, 팔로워로 살아낸 시간이 평판이 된다. 그리고 그 평판이 사람을 리
더로 세운다.

오늘의 1% 실천 포인트

리더가 되기 전에 이미 평판은 만들어진다.
오늘 맡은 자리에서 정직하게 보고하고 책임 있게 마무리하자.
보이지 않는 자리에서의 태도가 결국 당신을 설명한다.

관계가 좋아지는 노하우

관계는
이겨서 남는 것이 아니라

수용해서
깊어진다

01

인사를 보면 사람을 안다

작은 습관이 만드는 평판의 차이

얼마 전 한국대학생인재협회 새로운 기수가 시작되었다. 서류와 면접 전형을 통과한 50여 명의 대학생들이 새롭게 들어왔고, 첫날에는 기본적인 오리엔테이션과 에티켓 교육이 진행되었다. 한 실무진 리더가 "한대협에서는 모르는 사람이라도 먼저 인사하자"라는 메시지를 전하며, 조직 안에서의 예의와 태도의 중요성을 강조했다.

하지만 바로 그다음 날, 입구에서 마주친 학생들 중 다수가 서로 인사를 하지 않았다. 화장실 앞에서 서로 마주쳐도 무표정하게 스쳐 지나가는 경우가 많았다. 전날 진행한 교육이 무색해지는 순간이었다.

물론 '인사를 한다고 뭐가 크게 달라질까?'라고 생각할 수도 있다. 그러나 사회생활을 조금이라도 해본 사람이라면 안다. 밝고 예의 바른 인사 한마디가 관계를 얼마나 부드럽게 만드는지를. 그리고 그 인사 한번이 앞으로의 인상과 기회를 어떻게 바꿀 수 있는지를.

71

인사는 단순한 형식이 아니다. 누군가를 향해 고개를 끄덕이며 "안녕하세요"라고 미소 띤 얼굴로 건네는 그 짧은 순간에, '당신을 존중합니다'라는 무언의 메시지가 담긴다. 상대방은 그 인사를 통해 나라는 사람을 처음 받아들이게 된다. 조직 안에서 나의 존재를 알리는 가장 첫 번째 행동이기도 하다.

가끔 "낯을 가려서요" 또는 "내성적이라서요"라며 인사를 망설이는 학생들도 있다. 그 마음은 이해한다. 하지만 인사는 외향적인 사람만의 특권이 아니다. 말이 길지 않아도, 목소리가 크지 않아도 괜찮다. 중요한 건 '먼저 다가가려는 의지'다. 그 작은 선택이 반복될 때, 사람들은 그를 예의 바르고 배려 깊은 사람으로 기억한다.

인사의 질도 중요하다. 억지로 고개만 까딱하거나, 눈조차 마주치지 않은 채 건네는 인사는 오히려 어색함을 만든다. 짧더라도 눈을 마주치고, 부드러운 목소리와 따뜻한 표정으로 건네는 인사가 진정성을 전한다. '했으니 됐지'가 아니라, 상대가 '받았다고 느끼는' 인사가 되어야 한다.

내가 기억하는 한 사례가 있다. 한 여학생이 복도에서 나를 마주칠 때마다 씩씩하고 밝은 목소리로 인사를 건넸다. 단 몇 번의 인사였지만, 그 아이가 긍정적이고 적극적인 사람이라는 인상이 강하게 남았다. 실제로 그녀는 기수 후반에 부팀장으로 선발되었고, 팀 안에서 중심을 잘 잡는 리더로 자리 잡았다. 인사 하나가 사람에 대한 인상을 형성하고, 그 인상이 실제의 가능성과 연결되는 경험이었다.

반대로 처음에는 인사 습관이 어색했던 학생도 있다. 활동 초기에 그 친구는 고개만 살짝 숙이며, 목소리도 없이 지나치듯 인사했다. 눈 마주침도 잠깐에 불과했다. 하지만 시간이 흐르며 점차 적극적인 태도를 보이기 시작했고, 얼마 전에는 밝은 표정과 또렷한 목소리로 먼저 인사하며, 내가 수술을 앞두고 있다는 소식을 기억하고 내 옆에 가까이 다가와 따로 안부를 물어보기도 했다. 단순한 인사 이상의 변화였다. 사회성과 감수성이 자란 그 모습이 참 반가웠다.

　인사는 타고나는 성격이 아니라, 얼마든지 훈련할 수 있는 태도다. 조금만 마음을 쓰면 바뀔 수 있고, 그 작은 변화가 관계의 질을 바꾸고, 결국은 자신이 조직 안에서 만들어갈 가능성의 크기까지 바꿔 놓는다.

　결국, 인사는 관계의 문을 여는 열쇠다. 나를 설명하는 첫 언어이자, 말없이 스스로를 표현하는 힘이다. 밝고 예의 바른 인사는 단순히 '예쁨을 받기 위한 기술'이 아니라, 스스로를 단정하고 긍정적인 사람으로 만들어 가는 훈련이다.

　당신은 오늘 누구를 어떻게 마주했는가? 그 작은 표정과 태도가 당신의 인상을 만들고, 당신의 가능성을 조금 더 환하게 밝혀줄 수 있다. 그러니 낯설고 어색하더라도 오늘만큼은 먼저, 밝게, 예의 바르게 인사해 보자. 그 작은 습관이, 내일의 당신을 더 좋은 자리로 이끌어 줄 것이다.

오늘의 1% 실천 포인트

인사는 관계의 문을 여는 첫 열쇠다.
오늘 하루, 스쳐 지나가는 사람에게도 부드러운 목소리와 따뜻한 표정으로 먼저 인사해 보자.
그 짧은 순간이 당신의 인상을 바꾸고 내일의 기회를 밝힌다.

02

"말 잘해"="입만 살았어" 장점과 단점은 한 끗 차이다

재해석과 긍정심이 관계와 일을 풀어 가는 힘이다

한 여성이 한 남성과 결혼하기 전 그가 대중 앞에서 말을 잘하는 걸 보고 매력을 느껴서 교제를 시작했다. 아뿔싸. 결혼해서 살아보니 남편이 말싸움도 잘하는 것 아니겠는가. 아내는 그런 남편에게 "당신은 입만 살았지!"라고 이야기한다.

위 사례처럼 한 사람의 장점은 상황에 따라 단점으로 작용하기도 하고, 단점은 다른 맥락에서는 장점이 되기도 한다. 단, 이 이야기가 타인에게 경제적, 신체적, 정신적 피해를 주는 행동을 방어하거나 정당화하는 근거가 될 수는 없다는 점은 분명히 한다.

신중함이 장점인 사람은 때로 결정이 늦어지고 기회를 놓치는 모습으로 보일 수 있다. 정직하고 솔직한 사람은 때에 따라 표현이 직설적으로 느껴져 상대에게 부담을 줄 수 있다. 융통성이 좋은 사람은 상황에 따라 원칙을 느슨하게 여긴다는 평가를 받을 수 있다. 자유분방하고 예술적인 면이 강한 사람은 집중력이 부족하거나 감정의 기복이 있다는 인상을 줄 수 있다. 맺고 끊는 것을 잘하고 결단력이 뛰어난 사람은 차갑거나 정이 없다는 오해를 받기도 한다.

즉, 장점과 단점은 한 끗 차이인 경우가 많다. 한 끗 차이일 뿐이라면 상대방에 대해서든 나 자신에 대해서든 의식적으로 장점으로 봐 주는 것이 관계가 풀리는 비결이라고 말하고 싶다. 왜냐하면 자신에 대한 긍정심을 가질 때 자신감이 생기고 상대방에 대한 긍정심을 가질 때 상대방을 존중하는 마음과 호감이 생기기 때문이다.

자신감은 생활에 활력을 주고 즐거움을 주고 도전하게 하는 근원적 힘이자 인생을 바꿀 수 있는 에너지다. 자신감이 있는 사람은 새로운 사람을 만나는 데 있어서도 두려움이 없으며 관계도 적극적으로 맺어 나간다. 계속해서 도전하기에 일도 잘하는 편이다. 자신감은 관계도 일도 잘 풀리는 기반이 되는 것이다.

또한 상대방을 존중하는 마음은 상대방과 소통이 잘 되고 관계를 두텁게 해 준다. 이에 더하여, 내가 상대방에게 호감을 느끼면 상대도 내게 유사한 마음을 느끼기 때문에 주고받는 긍정적 상호작용으로 인해 삶의 질이 올라간다. 즉, 그 상대가 배우자나 자녀면 그들과의 관계도 좋아지는 것이며, 그 상대가 사업 파트너면 함께 일할 맛이 난다. 상대방에 대한 존중과 긍정심은 관계를 좋아지게 만들 뿐 아니라 그 관계를 통해 흐르는 물질적 또는 비물질적 기회를 잡을 수 있게 한다. 일까지도 잘 되게끔 하는 것이다.

자신에 대해서든, 타인에 대해서든 기본적으로 예쁘게 보았으면 한다. 이것이 관계도 잘 풀리고 일도 잘 풀리는 비결이다. 자신에 대해서도, 타인에 대해서도 단점이 전부인 것처럼 생각하고 낙인찍지 않았으면 한다. 그 단점을 재해석하면 분명 장점도 되기 때문이다.

그렇다고 '나는 완벽한 사람이야'와 같은 과도한 자의식을 가지라는 게 아니다. '나는 이게 장점이야. 하지만 이런 상황에서는 단점이 되기도 하는 구나. 나로 인해 누군가가 불편해한다면 내가 조절해야겠다. 상황을 잘 봐야겠다. 특히 이런 상대를 만났을 때는 조심해야겠다' 등의 생각을 하라는 것이다. 자신의 장점과 단점을 있는 그대로 수용하되 자신에 대한 긍정심을 유지하고 그걸 기반으로 성장했으면 한다.

내가 괜찮은 사람인지, 타인이 좋은 사람인지는, 우리가 어떻게 바라보느냐에 따라 결정되는 부분이 많다. 나 자신과 타인에 대해 기본적으로 예쁘게 보려는 노력을 통해 자신감을 키우고 더 건강하고 행복한 인간관계를 만들어 가자. 자신의 장점을 잘 살리고 단점을 개선하려는 자세를 가지며 타인의 장점에 집중함으로써, 관계도 일도 술술 풀리는 행복이 가득했으면 한다.

오늘의 1% 실천 포인트

두 가지를 기록해 보자.

1. 내 장점이 어떤 상황에서는 단점이 될 수 있는지 적어 보자.

2. 내가 문제 삼는 누군가의 단점이 어떤 상황에서는 장점이 될 수 있는지 적어 보자.

이 작은 기록이 시선을 바꾸고 관계를 부드럽게 여는 첫걸음이 된다.

03

말 한마디로 달라지는 회의 존재감

회의에서 센스 있게 돋보이는 5가지 팁

회의에 들어가면 언제 말을 꺼내야 할지, 어떻게 의견을 내야 할지 고민스러울 때가 많다. 괜히 말 잘못했다가 분위기를 망치지 않을까, 뻔한 질문을 하는 건 아닐까 걱정하다 보면 끝까지 침묵만 지키는 경우도 있다. 이렇게 회의에 대한 막연한 불안감, 두려움을 갖고 있으면 회사 생활도 순탄하지 않을 수 있다. 왜냐하면 회의는 조직 생활에서 피할 수 없는 필수 관문이기 때문이다. 반면에 회의에서 센스 있게 참여하는 팁을 알고 있다면, 회의를 즐길 수 있을뿐더러 평판을 올리는 놀라운 무기를 갖고 있는 셈이다.

그렇다면 어떻게 해야 회의에서 눈치 보지 않고, 센스 있게 참여할 수 있을까? 핵심은 발언 방식과 태도를 바꾸는 것에서 시작된다.

회의에서 가장 먼저 갖춰야 할 태도는 두괄식 발언이다. 서론부터 장황하게 늘어놓는 순간, 듣는 사람의 집중은 금세 흩어진다. 반대로 결론을 먼저 말하면 요지가 분명해지고 발언자의 신뢰도도 높아진다. "결론부터 말씀드리면, A안이 가장 적합하다고 생각합니다. 왜냐하면 비용을 고려했을 때, 예상 조회 수가 적더라도 의미 있는 타깃에게 도달하는 것이 비용을 줄여주면서 목적을 달성할 수 있기 때문입니다.", "저는 이번 일정이 무리라고 판단됩니다. 왜냐하면 연휴가 끼어 있어 배송 일정에 차질이 생길 가능성이 크기 때문입니다."처럼 요점을 던지고 그다음 근거를 덧붙이는 것이다. 나는 회의에서 이렇게 말하는 사람을 보면, 더 신뢰가 가고 일도 잘할 것 같은 인상을 받는다. 이런 사람이 많을수록 회의는 생산적이고 효율적이며 집중력도 자연스럽게 올라간다.

다음으로 중요한 것은 쿠션어의 활용이다. 회의에서 반대 의견을 제시해야 할 때 직설적으로 "그건 아니죠", "그건 잘못됐습니다"라고 말하면 분위기가 차갑게 식는다. 하지만 "과장님 말씀에서 시즌성 키워드를 살리는 부분이 참 좋습니다만, 이런 리스크도 고려해 봐야 할 것 같습니다"처럼 완충어를 곁들이면 부드럽게 받아들여진다. 그리고 "좋은 방법 같습니다. 다만 고객 반응 측면에서 이런 리스크가 있을 것 같은데 어떻게 보십니까?"처럼 질문형으로 전환하는 것도 좋은 방법이다. 쿠션어를 잘 쓰는 사람들은 예의 있으면서도 할 말은 하는, 따뜻하면서도 스마트하다는 평판을 받는다.

또한 회의의 흐름을 살피는 감각도 필요하다. 아무리 좋은 의견이라도 타이밍을 놓치면 공감을 얻기 어렵다. 회의 중에 혼자 흐름을 놓치고 이미 충분히 논의된 내용을 반복하거나, 정리 단계에서 불쑥 새로운 주제를 꺼내면 '분위기를 못 읽는다'라는 인상을 줄 수 있다. 반대로 흐름을 잘 살피는 사람은 회의가 정리되는 분위기일 때 "네, 그 방향으로 진행하면 좋겠습니다"라며 동조해 힘을 실어 준다. 또 논의가 제자리를 맴돌고 있을 때, "그럼 다른 안건을 먼저 다룬 뒤 이건 다시 고민해 보면 어떨까요?"라는 제안으로 흐름에 생기를 불어넣는다. 이런 태도는 말을 많이 하지 않아도 '센스 있는 사람'이라는 평판을 만들어 준다.

기본적으로 밝은 기운을 뿜어 내는 것도 하나의 팁이다. 적절한 리액션과 가벼운 유머를 곁들일 수 있다면 회의는 훨씬 활력이 돈다. 회의가 길어지면 다들 지치고 집중력이 떨어지는데, 이럴 때 누군가가 "오, 그거 참신한데요?"라고 반응해 주거나, 잠시 정적이 흐를 때 작은 농담을 던져 웃음을 유도하면 분위기가 금세 환기된다. 예를 들어, 팀의 업무가 과중해진 상황에서 한 팀원이 "(미소를 지으며) 저 오늘 퇴근 못 하면 회사에서 자도 됩니까?"라고 말했을 때, 회의장이 웃음으로 가득 찼다. 그 한마디 덕분에 긴장이 풀리고 이어진 논의도 훨씬 활발해졌다. 밝은 리액션과 유머는 말솜씨가 아니라 태도의 문제다. 분위기를 살릴 줄 아는 사람은 회의장에서 자연스럽게 긍정적인 에너지를 퍼뜨리고, 결국 '함께 일하고 싶은 사람'이라는 인상을 남긴다.

마지막으로 꼭 기억해야 할 태도는 회의 리더를 평가하지 말고 돕는 관점이다. 회의가 길어지거나 다소 비효율적으로 흘러갈 때, 속으로 "왜 이렇게 회의를 못 하지?", "왜 이렇게 말이 많아?"라고 생각하는 경우가 있다. 하지만 참여자가 리더의 진행 방식을 평가하는 태도에 머문다면, 회의는 결코 나아지지 않는다. 오히려 머릿속으로 부정적인 평가만 하고 있다면 회의는 더 비생산적으로 흐르고, 길어질 가능성마저 커진다. 좋은 태도는 "어떻게 하면 리더가 원하는 결과에 더 빨리 도달할 수 있도록 도울 수 있을까?"를 고민하는 것이다. 불필요한 잡음을 줄이고, 리더가 놓친 부분을 정리하거나, 결론 도출을 돕는 백업 역할을 하는 것만으로도 회의에 활력이 생긴다.

나 역시 회의할 때 이런 태도를 가진 사람들에게 고마움을 느낀다. 예를 들어, 이전 회의 내용 숙지가 필요한 상황에서 회의 전에 팀원들이 회의록을 읽고 올 수 있도록 대화방에 파일을 공유해 준다든가, 회의 중간에 '이제 담당자랑 기한만 결정하면 됩니다'라고 말해 주며 회의를 매끄럽게 정리해 주는 모습은 모두에게 큰 도움이 된다. 이런 작은 백업은 많은 이들의 부담을 줄이고 '함께 일할 때 든든한 사람'이라는 인상을 남긴다.

결국 회의에서 센스 있게 참여한다는 것은 두괄식으로 명확하게 말하고, 쿠션어로 부드럽게 의사를 표시하며, 흐름을 맞추고 밝은 기운으로 리더를 돕는 백업 자세를 갖추는 것이다. 이런 작은 습관 하나하나가 모여 회의의 공기를 바꾸고, 함께하는 사람들에게 편안함을 준다. 그리고 시간이 지나면, 그런 태도를 지닌 사람은 자연스럽게 '함께 일하고 싶은 동료'로 기억된다.

"회의는 말을 잘하는 사람이 주도하는 자리가 아니라, 센스 있는 사람이 기억되는 자리다."

오늘의 1% 실천 포인트

오늘 회의에서 단 한 가지라도 실천해 보자. 결론부터 말하기, 쿠션어로 부드럽게 표현하기, 흐름을 살피기, 밝은 리액션, 리더를 돕는 백업 중 하나를 선택해 실행하라. 작은 습관 하나가 당신을 '함께 일하고 싶은 사람'으로 만든다.

04

이 불만만큼은 꺼내지 마라

평판에 치명상을 주는 3가지 불평

직장이나 조직 생활에서 불만을 전혀 하지 않고 산다는 건 불가능하다. 누구나 마음속에 작은 불평 하나쯤은 있다. 그러나 문제는 불평의 내용과 방식이다. 어떤 불평은 합리적인 문제 제기로 이어지지만, 어떤 불평은 한순간에 평판을 무너뜨린다. 특히 내가 조직을 운영하는 입장에서 경험해본 바로는, 어떤 불평들은 내뱉는 순간 그 사람의 이미지가 부정적으로 각인되어 회복이 어려워지곤 했다. 나는 그 사례들을 세 가지 영역으로 정리해 보았다.

첫째는 '덤'으로 주어지는 호의에 대한 불평이다. 회사에서 간식을 구비해 주거나 운동, 어학 공부 등 자기 계발을 지원해 주는 것은 권리라기보다 배려에 가깝다. 그런데 이 배려를 두고 "간식 종류가 늘 똑같다"거나 "지원 금액이 부족하다"라는 불만을 말하는 순간, 고마움보다 불평이 더 크게 부각된다.

개인이 베푸는 호의도 마찬가지다. "옆 팀 선배는 밥을 사 주는데, 우리 팀 선배는 커피만 사 준다"라는 말이 대표적이다. 작은 배려를 고마움으로 받기는커녕 비교와 불평으로 바꾸는 순간, 듣는 이는 실망감을 느끼고 그 사람이 계산적으로 보인다. 작은 호의에 불만으로 반응하는 태도는 사람을 소인배로 보이게 한다. 결국, 조직이나 개인이 베푸는 호의에 대한 불평은 본인 이미지에 큰 손해를 남긴다.

둘째는 동료에 대한 사소한 불평이다. "저 사람은 왜 늘 늦어?", "말투가 마음에 안 들어" 같은 말들을 늘어놓는다. 그런데 이런 불평을 듣는 사람은 속으로 이렇게 생각한다. "나도 언젠가 저 사람의 품평 대상이 되겠구나." 그 순간, 본능적으로 불평을 자주 하는 사람과는 거리를 두게 된다. 내용이 맞는 말일지라도 결국 남는 건 동료의 단점이 아니라 불평을 내뱉은 사람의 부정적인 이미지다.

셋째는 조직 문화에 대한 불평이다. 특히 조직의 정체성과 뿌리에 연결된 문화를 문제 삼는 경우다. 예를 들어, 성과 중심의 기업에 입사했으면서 평가와 경쟁 구조를 두고 지속적으로 불평하거나, 워라밸을 중시하는 조직에 속해 있으면서 속도가 느리다며 답답해한다면 이는 조직의 방향 자체를 부정하는 태도로 비칠 수 있다. 어떤 회사는 보고 체계가 엄격하고 절차를 중시하며, 어떤 곳은 자율과 책임을 강조한다. 그 차이는 단점이 아니라 각 조직이 선택한 가치다. 조직의 정체성을 바꾸려 하기 전에, 그 정체성을 이해하려는 태도가 먼저다. 물론 문화가 맞지 않을 수 있다. 그러나 근본 가치에 대한 반복적인 불만은 결국 이 조직을 존중하지 않는다는 인식을 남기고 신뢰를 떨어뜨린다. 조직 문화가 맞지 않는다면, 불평을 쌓기보다 선택을 다시 고민하는 편이 훨씬 현명하다.

그렇다면 왜 이런 불평들이 쉽게 나오게 될까? 첫째, 배려와 혜택을 반복해서 받으면서 '당연한 것'처럼 생각하기 때문이다. 처음에는 감사하다가도 시간이 지나면 권리처럼 착각하게 된 것이다. 둘째, 비교 때문이다. "저 팀은 저런 혜택을 받는데 우리는 왜 이래?"라는 생각은 만족을 앗아가고 불만을 키운다. 셋째, 스트레스가 해결되지 못하고 축적되기만 할 때 불평이 잦아진다. 부정적 감정을 배설하는 가장 쉬운 배출구는 결국 불만을 내뱉는 것이기 때문이다. 마지막으로, 손님 의식 때문이다. 주인 의식을 가지기보다는 손님처럼 조직을 '내가 혜택을 받아야 하는 곳, 내가 대접을 받아야 하는 곳'으로 여기기 때문에 불평이 많아지는 것이다.

그렇다면 해결책은 간단하다. 가장 핵심적인 해결책은, 모든 것을 당연시하지 말고 기록하는 것이다. 누군가의 배려나 조직의 혜택을 받을 때마다 짧게 메모를 남겨두고, 얼마나 감사한 일인지 곱씹어 보자. 내가 얼마나 많은 친절과 호의를 누리고 있는지 보일 것이다. 그리고 다른 사람이 내게 무언가를 해 줄 것을 기대하지 말고, 자기가 할 수 있는 몫을 찾아 보자. "왜 우리는 저렇지 않지?"라는 말보다는 "나는 내 자리에서 무엇을 더 해 볼까? 무엇을 더 잘할 수 있을까?"로 질문을 바꿔 보자. 그리고, 조직을 손님처럼 소비하려 하지 말고 주인 의식으로 바라보자. 조직은 내가 대접을 받는 곳이 아니라 함께 키워 가는 곳이다.

이처럼 불평이 생겨나는 원인과 해결책을 알았다면, 이제 중요한 건 태도의 선택이다. 불평이 항상 문제인 것은 아니다. 정당한 불만 제기는 조직을 더 건강하게 만들 수 있다. 그러나 앞서 말했던 3가지, 덤으로 주어진 호의, 동료, 조직 문화와 같은 영역에서의 불평은 자신의 평판을 갉아먹을 뿐이다. 반대로 같은 상황에서 감사와 존중을 선택하는 사람은 시간이 지날수록 신뢰와 호감을 얻는다. 오늘 하루, 나는 어떤 말을 더 많이 했는가. 불평이었는가, 아니면 감사였는가. 그 작은 차이가 결국 내 평판을 만들고 있다는 사실을 잊지 말자.

오늘의 1% 실천 포인트

1. 이건 권리인가 배려인가 한 번만 생각해 본다.

2. 오늘 받은 '덤' 하나를 기록한다.

3. 비교하고 싶어질 때 내 역할을 먼저 돌아본다.

4. 불만은 하소연이 아니라 제안으로 말한다.

5. 감사의 말 한마디를 더 얹는다.

05

내가 하고 싶은 말보다, 상대가 듣고 싶은 말

공식적인 자리에서 평판이 갈린다

공식적인 자리에서의 말하기는 능력을 증명하는 시간이 아니다. 회의든, 보고든, PT든 우리는 종종 '내가 준비한 것'을 얼마나 잘 보여줄지에 집중한다. 그러나 실제로 그 자리에서 평가받는 것은 말솜씨가 아니라 관점이다. 내가 하고 싶은 말을 정리했는지, 아니면 상대가 듣고 싶어 하는 말을 먼저 짚었는지에 따라 그 사람의 평판은 갈린다.

공식적인 말하기는 기술보다 이해에서 시작된다. 그러나 여기서 말하는 이해는 단순한 공감이 아니다. 듣는 사람이 지금 무엇을 고민하고 있고, 무엇을 결정해야 하며, 어디에서 막혀 있는지를 읽어내는 능력이다. 설득력은 정보의 양에서 나오지 않는다. 상대의 생각을 먼저 정리해 주는 데서 나온다.

내가 하고 싶은 말을 정리하는 사람은 발표자가 되고, 상대가 듣고 싶은 말을 먼저 짚는 사람은 신뢰를 얻는다. 이 차이는 작아 보이지만 시간이 지나면 크게 벌어진다. 발표자는 그 순간 박수를 받을 수 있지만, 신뢰를 얻은 사람은 다음 기회를 얻는다. 그리고 그 기회들이 쌓여 평판이 된다.

1. 왜 들어야 하는지를 먼저 설득하라

말을 시작하기 전 반드시 스스로에게 물어야 한다.

왜 이 이야기를 지금 이 사람들이 들어야 하는가.

이 질문에 답하지 못하면 아무리 잘 준비된 자료도 힘을 잃는다. 사람들은 정보 자체보다, 그것이 자신의 상황과 어떻게 연결되는지를 알고 싶어 한다.

대학생 시절, 나는 '현대 사회와 회계'라는 교양 수업에서 기업의 재무제표를 분석해 발표해야 했다. 스크린을 비추기 위해 강의실 불은 꺼져있었고, 이어지는 발표에 학생들은 이미 지쳐 있었다. 분위기는 무거웠다. 그래서 나는 이렇게 시작했다.

"여러분 혹시 자취하시나요. 저는 자취를 하는데요. 이 기업의 재무제표를 보니까 저보다 더 힘들게 살고 있더라고요. 오늘 이 회사가 어디에 돈을 잘못 썼는지 말씀드리면서, 여러분의 살림살이에 도움이 되는 포인트도 함께 이야기해 보겠습니다."

재무제표라는 낯선 주제가 학생들의 일상과 연결되는 순간, 분위기가 달라졌다. 정보는 같았지만, 듣는 이유가 생긴 것이다. 그때 깨달았다. 사람들은 설명을 듣기 전에 필요를 먼저 확인한다는 사실을.

이 원리는 조직에서도 그대로 적용된다. 회사에서 발표할 때 자료가 아무리 잘 준비되어 있어도, 의사결정권자의 고민과 연결되지 않으면 설득력은 생기지 않는다. 반대로 그들의 질문을 먼저 짚어 주는 한 문장은 신뢰를 만든다. 그 순간 발표자는 설명자가 아니라 이해하는 사람으로 인식된다.

2. 말하기의 목적은 나를 드러내는 것이 아니다

공식적인 자리에서의 말하기는 내 화술을 자랑하거나 지식을 증명하는 시간이 아니다. 그 자리는 나를 드러내는 무대가 아니라, 상대의 이해를 돕는 자리다.

말을 잘해 보이려는 순간, 초점은 나에게로 이동한다. 내가 얼마나 준비했는지, 얼마나 많이 알고 있는지, 얼마나 논리적인지가 중심이 된다. 그러나 공식적인 말하기의 목적은 나의 능력을 증명하는 데 있지 않다. 상대가 이해하고 판단하고 움직일 수 있도록 돕는 데 있다.

나는 대학생들을 대상으로 매주 리더십마스터클래스를 진행하면서 늘 하나를 목표로 삼는다. '고등학생도 이해할 수 있을 만큼 쉽게 설명하자' 아무리 깊은 내용이라도 듣는 사람이 이해하지 못하면 의미가 없다. 반대로 복잡한 개념을 단순하게 정리해 주면, 사람들은 그 말을 오래 기억한다.

어려운 말을 쉽게 풀어내는 능력은 단순한 전달 기술이 아니다. 상대를 존중하는 태도다. 전문 용어로 가득 찬 설명은 지식을 드러낼 수는 있어도 신뢰를 쌓지는 못한다. 사람들은 똑똑한 사람을 존중하지만, 자신을 이해시켜 주는 사람을 신뢰한다.

회의 자리에서도 마찬가지다. 자신의 논리를 길게 펼치는 사람보다 팀원들이 무엇을 궁금해할지 먼저 짚어 주는 사람이 더 설득력을 얻는다. 외부 미팅에서도 우리 회사의 강점을 나열하는 사람보다 상대의 상황을 구조화해 주는 사람이 더 오래 기억된다.

결국 공식적인 자리에서의 말하기는, 전달의 기술이 아니라 관계의 기술이다. 회의에서의 한 마디, 보고 자리에서의 설명 한 번, 외부 미팅에서의 짧은 코멘트 하나가 쌓여 그 사람의 이미지를 만든다.

저 사람은 우리를 이해하려 한다는 인식을 얻는 사람은 자연스럽게 다음 기회로 연결된다. 공식적인 말하기는 순간의 표현이 아니라 장기적인 평판 자산이다.

말의 힘은 내가 얼마나 많이 말했느냐에 있지 않다. 듣는 사람이 고개를 끄덕이며 이해되었다고 느끼는 순간에 생긴다. '맞아, 그게 우리 고민이었지' 그 한순간의 공감이 신뢰를 만들고, 신뢰가 평판을 만든다.

오늘의 1% 실천 포인트

공식적인 자리에서 말하기 전 두 가지만 점검하자.

1. 왜 이 이야기를 들어야 하는지 먼저 설명했는가.

2. 말의 목적이 나를 드러내는 데 있지 않고 상대를 이해하는 데 있었는가.

이 두 가지를 지키는 순간, 말은 기술을 넘어 평판이 된다.

06

상대의 말이 아닌 '상태'를 읽어라

감정 소비를 줄이는 3가지 해석법

일하다 보면 꼭 듣게 되는 말들이 있다. "이 정도도 몰라서 어떻게 일해?", "그래서 그게 결론이야?", "회의만 하고 되는 건 하나도 없네." 이런 말들이 전해지는 말투나 분위기 때문에 무시당한 것처럼 느껴지기도 한다. 하지만 이런 말에 매번 상처받을 필요는 없다. 중요한 건, 그 말이 정말 나를 비난하려고 한 건지, 아니면 상대방이 힘들어서 한 말인지를 구별하는 것이다. 감정적으로 반응하기보다, 왜 그런 말을 했을까를 한번 생각해 보면 좋다. 이걸 해석력이라고 한다. 직장에서 자주 듣는 말들을 어떻게 해석하면 좋을지, 세 가지로 나눠서 알아보자.

해석법 1. 날카로운 말에는 불안이 숨어 있다

"그래서 그게 결론이야?"라는 말을 들으면, 내가 틀렸다는 말로 들릴 수 있다. 하지만 이런 말은 종종 그 사람이 불안하거나 조급해서 나오는 경우가 많다. 팀장이나 상사가 일의 결과에 대해 압박을 받고 있을 수 있다.

이럴 땐 이렇게 말해볼 수 있다. "죄송합니다. 어떤 부분이 부족했는지 말씀해 주시면 신속하게 보완하겠습니다." 이런 식으로 감정에 끌려가지 않고, 일 중심으로 대화를 이어 가는 게 좋다. 여기서 "죄송합니다"는 상대방의 불쾌한 감정을 순간적으로 누그러뜨릴 수 있는 말이며, 핑계를 대지 않겠다는 태도를 보여 준다. "제 딴에는 열심히 한다고 했습니다만"과 같이 혹시라도 핑계로 들릴 수 있는 말은 피하는 것이 좋다. 대신 "신속하게 보완하겠습니다", "다음 업무에 차질 없도록 하겠습니다" 같은 말이 효과적이다. 상대방의 기대를 읽으면서도 주도적인 업무 태도를 보여 줄 수 있는 구체적인 액션을 넣는 것이 중요하다.

해석법 2. 불평조의 말에는 인정받고 싶은 마음이 숨어 있다

"왜 맨날 나한테만 일이 몰려?", "이래 봤자 소용없잖아" 이런 말은 단순한 투정처럼 들리지만, 사실은 '내가 열심히 하는 걸 알아줘'라는 마음이 담겨 있다. 이럴 땐 이렇게 말해 보자. "요즘 정말 일이 많으셨던 것 같아요. 저도 이번 주는 여유가 없긴 한데, 다음번엔 역할을 조정할 수 있을지 팀장님께 한번 말씀드려 볼게요." 또는 "저도 좀 벅차긴 한데, 이번 건 일단 같이 버텨보고 다음에 같이 얘기해 봐요."

여기서 핵심은, 상대의 수고를 알아주되, 현실적인 한계를 솔직하게 표현하면서도 같이 해결 방향을 고민하겠다는 태도가 중요하다. 이럴 때 감정에 휘말리기보다 '당장 해결해 주겠다는 약속'이 아니라 '문제 인식과 공감'을 전하는 것이 더 효과적이다.

다만, 습관적으로 계속 불평만 늘어놓는 사람에겐 다르게 접근해야 한다. 부정적 사고가 굳어 있는 사람에게는 아무리 좋은 대화를 해도 효과가 없다. 오히려 그 감정이 나에게까지 전염되기 쉽고, 나도 회사 내에서 부정적인 이미지로 낙인찍힐 수 있다. 이런 경우엔 적당히 거리를 두는 것이 필요하다.

해석법 3. 반복되는 말엔 피로가 쌓여 있다

누군가 "회의만 하고 해결되는 게 없잖아" 이런 말을 자주 한다면, 그 사람은 요즘 일이 많거나 많이 지쳐 있다는 신호일 수 있다. 같은 말을 반복하는 건 그만큼 힘들다는 뜻이다. 이럴 땐 이렇게 말해 보자. "저도 좀 지치긴 했는데, 우리 너무 속 끓이지 말아요. 할 수 있는 데까진 해 보죠." 이처럼 상황을 공감하면서도 '모두가 힘든 상황'임을 인정하고, 감정적으로 번지지 않게 하는 태도가 중요하다. 그리고 가능하다면 작은 배려, 예를 들어 커피 한 잔 건네며 "오늘은 이걸로 기운 차려요" 같은 한마디가 분위기를 바꿀 수도 있다.

직장에서는 감정 중심보다는 기준 중심으로 말하는 게 필요하다. 가정에서는 "왜 그렇게 말했는지 알 것 같아. 그래도 그렇게 말하면 난 상처받아"처럼 공감 중심의 소통이 통한다. 하지만 직장에서는 "그 부분에 대해 더 나은 방향이 있다면 피드백 주시면 감사하겠습니다"처럼 기준 중심의 언어가 신뢰를 만든다. 감정 조절은 공통이지만, 말을 풀어 나가는 방식은 상황에 맞게 달라야 한다.

직장은 감정의 기복이 크지 않은 사람이 오래 버티는 곳이다.
마음이 상하더라도 업무 중심의 기준으로 말하고, 상대의 말보다 상태를 읽는 사람이 결국 관계에서도 신뢰를 얻는다. 괜히 감정 소비하고 자존심 부리다 손해 보는 일이 없도록, 말보다 숨겨진 신호에 더 주목해 보자. 해석력은 감정을 덜 소모하고도 똑똑하게 일하는 법이다.

오늘의 1% 실천 포인트

상대의 말보다 '상태'를 먼저 읽어라.

날카로운 말 뒤엔 불안이, 불평조 말 뒤엔 인정욕구가, 반복되는 말 뒤엔 피로가 숨어 있다. 오늘 직장에서 듣게 되는 한마디를 곧이곧대로 받아들이기보다, 그 속에 감춰진 신호를 읽고 반응해 보자. 이 작은 해석력이 감정 소비를 줄이고 관계를 지켜 주는 힘이 된다.

07

말할 때 특히 조심해야 하는 유형들

말의 내용보다 말의 상대를 먼저 따져야 하는 이유

"말을 조심하라" 조직에서든 일상에서든, 사람 사이에서 이 말만큼 자주 듣는 충고도 드물다. 나 역시 리더로 살아오며 이 조언을 가슴에 새기고 또 새겼다. 그리고 살아갈수록 더 절실히 느끼는 건, '말을 조심하는 것'만큼 이나 '누구 앞에서 말을 아껴야 하는지'를 분별하는 것이 중요하다는 사실 이다.

같은 말을 해도 어떤 사람은 가르침으로 받아들이고, 어떤 사람은 공격 으로 받아들인다. 말의 의미는 결국 '말하는 사람'이 아니라 '듣는 사람'이 결정한다. 그렇기에 우리는 말을 조심해야 한다. 특히 상대방이 누구인가 를 유념할 줄 아는 사람이 지혜로운 사람이다.

가장 먼저 조심해야 할 유형은 입이 가벼운 사람이다. 이들에게는 "이건 비밀이에요"라는 말도 소용없다. 오히려 그 말이 "더 빨리 퍼뜨리세요"라 는 신호처럼 작용한다. 이들에게 비밀은 누군가의 아픔이나 약점이 아닌,

그저 흥미로운 이야기일 뿐이다. 예전에 한 대학생 리더가, 한 팀원이 수치스러워하며 숨기고 싶어 했던 개인적인 이야기를 '너만 알고 있어'라며 몇몇 사람에게 퍼뜨렸던 일이 있었다. 결국 팀원은 큰 상처를 받고 활동을 중단했고, 해당 리더는 신뢰를 잃은 채 자리에서 내려올 수밖에 없었다. 한마디의 말이 두 사람의 활동을 동시에 무너뜨린 셈이다.

또 조심해야 할 유형은 자신의 책임을 타인에게 쉽게 전가하는 사람이다. 이런 사람은 실수를 인정하기보다, 빠져나갈 방법부터 찾는다. 책임 회피가 습관처럼 몸에 밴 이들 앞에서는 리더로서도 조언을 망설이게 된다. 왜냐하면 조언을 따른 결과가 기대와 다르게 흘러갔을 때, 문제를 자기 안에서 성찰하기보다 조언한 사람을 탓하기 쉽기 때문이다. 따라서 이런 사람에게는 구체적인 조언보다 선택권을 명확히 남기는 질문형 접근이 더 적절하다. 예를 들어 "나는 이렇게 생각하지만, 최종 결정은 네가 하는 거야"라는 식으로 여지를 주는 것이 좋다. 그리고 꼭 말해야 할 사안은 회의록, 보고서 등 기록으로 남기는 습관을 갖는 것이 서로를 위해 안전하다. 특히 조직 내 의사결정은 향후 논란을 피하기 위해서라도 명확한 정리가 필요하다.

타인을 자주 비난하고 험담하는 사람도 경계해야 한다. 이들은 불만을 공유하며 동조자를 만들고, 어느 순간 상대의 공감까지 '같은 편'으로 포장해 전달한다. "그 사람도 그렇게 말했어요"는 그들이 자주 사용하는 대표적인 문장이다. 당신이 무심코 나눈 말 한마디가 상대의 갈등을 위한 도구가 되는 순간, 나는 원하지 않은 분쟁 한가운데에 서게 된다. 그 순간, 불필요한 해명을 반복하거나 관계를 바로잡기 위해 많은 에너지를 써야 할 수도 있다.

그리고 무엇보다 조심해야 할 유형은, 이전에 내 말을 곡해했던 이력이 있는 사람이다. 한 번이라도 내 말을 오해하거나 의도와 다르게 전달한 적이 있다면, 이후에는 말을 아끼는 것이 현명하다. 그런 사람은 당신의 말이 어떤 마음에서 나왔는지보다, 자신이 듣고 싶은 방식으로 해석하는 경향이 크기 때문이다. 리더로서 활동하다 보면, 피드백을 줘야 하는 상황을 피할 수 없다. 특히 하위 리더의 문제점을 지적하고 행동을 바로잡도록 돕는 일은 조직을 위한 책임이자 의무다. 나 역시 정확한 근거를 바탕으로 점잖고 이성적으로 피드백을 전한 적이 있었다. 그러나 상대는 그것을 개선의 기회로 받아들이기보다, 자신에 대한 비난으로 여기며 오히려 뒤에서 나를 험담했다.

그 경험을 통해 배운 건 단 하나였다. 이런 유형의 사람에겐 더 이상의 피드백은 의미 없다는 것. 나는 점점 그들과 업무적으로 얽히지 않도록 거리를 뒀고, 가벼운 관계로 남는 것이 가장 안전하다는 교훈을 얻었다. 이처럼 곡해의 이력이 있는 사람 앞에서는 말보다 태도와 결과로 보여 주는 것이 낫고, 꼭 필요한 경우에만 간결하고 명확한 언어로 메시지를 전달하자. 가능하다면 대화 내용을 문서화하거나, 적어도 메시지 기록으로 남겨두는 것이 좋다.

우리는 말로 사람을 살릴 수도 있지만, 말로 인해 신뢰를 잃기도 한다. 진짜 어른은 하고 싶은 말을 다 하는 사람이 아니라, 해야 할 말과 하지 말아야 할 말을 구분하는 사람이다. 말의 기술보다 더 중요한 것은 말의 태도, 말의 선택, 말의 책임이다. 그리고 그 책임은 언제나 '누구 앞에서 말했는가'에 달려 있다.

오늘도 한 번쯤 생각해 보자.

이 말은, 이 사람 앞에서 해도 괜찮은가?

말보다 기록을 남겨라.

책임을 회피하거나 말을 곡해하는 사람 앞에서는 구구절절 설명하는 대신, 간결하고 명확한 기록이 훨씬 안전하다. 기록은 내가 한 말을 증명하고, 불필요한 오해를 막아 주며, 필요할 때 다시 꺼내 쓸 수 있는 든든한 증거가 된다. 오늘부터 중요한 대화나 결정은 말로만 남기지 말고, 메일·메신저·회의록 같은 형태로 반드시 기록해 두자. 그것이 나를 지키고 동시에 신뢰를 지키는 가장 확실한 방법이다.

08

어제와 다른 표정이 신뢰를 갉아먹는다

감정은 자유롭지만, 행동은 선택할 수 있다

"어제는 웃으며 인사하더니, 오늘은 눈도 안 마주치네?"

일터나 모임에서 이런 경험, 누구나 한 번쯤은 있다. 어제는 밝게 말을 걸던 사람이, 오늘은 무표정으로 고개를 돌린다. 어제까지 유쾌하던 이가 이유 없이 차갑게 돌아서면, 사람들은 당황하고 거리를 둔다. 능력도 좋고 성격도 괜찮아 보이지만, 감정이 들쭉날쭉하면 본능적으로 거리를 두게 된다.

가정도 예외는 아니다. 가령 아버지가 퇴근하시며 환하게 웃으며 들어왔다가, 금세 언성을 높여 잔소리를 퍼붓는 일이 반복된다면 자녀는 늘 "이번엔 언제 또 바뀔까?"하는 불안 속에 눈치를 보게 된다. 이런 감정의 롤러코스터는 가족 분위기를 어색하게 만들고, 시간이 지날수록 신뢰를 갉아먹는다.

신뢰는 예측 가능한 태도 없이는 생길 수 없다. 우리는 모두 일정한 말투, 예의 바른 제스처, 존중이 묻어나는 표정, 갑작스러운 분노가 없는 사람 곁에서 마음이 놓인다. 반대로 누군가가 기분에 따라 태도가 널뛰면 어느 순간부터 "저 사람은 변덕스러워"라는 인식이 자리 잡는다. 그가 아무리 유능해도 신뢰하기 힘들다.

한번은 한대협에서 실제로 이런 일이 있었다. 명문대 휴학생이 활동에 합류하자 유창한 어학 실력과 화려한 스펙으로 모두의 기대를 한 몸에 받았다. 그가 팀장이 된 후, 부팀장들과 회의하는 도중 갑작스러운 일이 일어났다. 부팀장들이 처리한 업무의 완성도가 그가 생각했던 기준에 모자랐는지, 그는 노트북 키보드를 세게 치면서 자신보다 나이 많은 부팀장들에게 날 선 목소리로 화를 내더니 회의 도중 자리를 박차고 나가 버렸다. 그날 이후 그는 연락이 닿지 않았다. 잠수를 탄 것. 사람들은 더 이상 그의 학벌이나 실력을 이야기하지 않았다. 컨트롤되지 않은 단 한 번의 감정 폭발이 모든 평판을 뒤집은 것이다.

감정이 불안정한 사람과 함께 있으면 상대는 늘 분위기를 살피게 된다. 말을 아끼고 대화가 얕아지고 진심도 숨기게 된다. 함께 있는 게 부담스럽다. 결국 서서히 멀어진다.

그렇다고 감정을 억누르라는 말은 아니다. 기분은 통제할 수 없지만, 행동은 선택할 수 있다. 피곤해도 인사는 할 수 있고, 답답해도 목소리를 낮추는 선택은 가능하다. 감정이 치밀어 오를 때, 스스로에게 이렇게 물어보면 어떨까. "지금 이 감정은 뭐지? 왜 생긴 거지?" 이 짧은 질문 하나가 말과 행동에 브레이크를 건다. 감정을 억누르기보다, 다루는 힘을 기르기 위한 첫걸음이다.

물론 우리는 모두 실수한다. 때로는 순간적으로 폭발할 수도 있다. 그럴 땐 미숙함을 인정하고, 솔직하게 사과할 줄 알아야 한다. 하지만 그 사과가 반복된다면, 진정성은 빠르게 사라진다. 예컨대 부모가 욱하는 마음에 자녀에게 막말을 하고, 그때마다 "미안하다"라고 말하지만 행동은 전혀 달라지지 않는다면 그 사과는 더 이상 위로가 되지 않는다. 사과는 한 번이면 충분하다. 그 뒤로는 변화로 보여 줘야 한다. 잘못된 행동을 반복하지 않기 위해, 진지하게 자신을 돌아보고 노력해야 한다. 그게 진짜 사과의 완성이다.

감정 조절이 반복적으로 어렵다면 전문 상담이나 치료를 받는 편이 훨씬 빠르다. 감정을 혼자 참고 억누르는 것으로는 오래된 반응 패턴을 바꾸기 어렵기 때문이다. 동시에 누구나 당장 시도할 수 있는 방법이 있다. 바로 감정 일기다. 감정 일기는 단순한 하소연 노트가 아니다. 그것은 감정을 객관화하고, 긍정적으로 재구성하는 훈련이다.

예컨대 이렇게 써볼 수 있다. "회의 시간에 내 아이디어가 무시당했다고 느껴서 순간적으로 화가 났다. '내 아이디어 = 나'가 아닌데, 왜 나는 내가 무시당한 것처럼 생각했을까. 내가 너무 예민했던 건 아닐까. 다음엔 아이디어를 말할 때, 좀 더 구체적으로 근거를 제시해 보자. 그리고 회의의 목적을 상기하자. 회의는 내 아이디어가 수용되는 게 목표가 아니라 팀의 승리가 목적이다. 인정받으려는 욕심을 내려놓고, 다음엔 '내 생각'보다 '팀의 방향'에 초점을 맞춰 보자."

필자 역시 20대 초반에 부정적인 감정의 늪에 빠졌을 때, 감정 일기를 통해 빠르게 빠져나올 수 있었다. 그만큼 감정 일기는 효과가 크다. 단, 감정 일기는 감정을 털어 내는 것이 목적이 아니라, 감정을 다룰 수 있는 힘을 기르는 도구임을 기억해야 한다.

결국 '감정 기복이 심하다'라는 말은, '함께 있기 불편한 사람'이라는 뜻이다. 우리는 실력보다 안정된 감정을 가진 사람과 함께하고 싶어 한다. 어제와 같은 얼굴로 오늘도 나를 대하는 사람에게 마음이 놓인다.

신뢰는 화려한 말솜씨나 뛰어난 실력보다, 일관된 감정에서 시작된다. 그 꾸준함이 곧 평판이 되고, 결국 당신의 실력까지 자연스럽게 빛나게 만든다.

오늘의 1% 실천 포인트

기분은 변해도 태도는 지켜라.

최근 피곤해도 밝게 인사하고, 답답해도 목소리를 낮추며, 감정이 올라올 때는 잠시 멈춰라.

일관된 태도가 신뢰를 만들고, 그 신뢰가 결국 당신의 평판을 지킨다.

09

선 넘는 말엔 선을 그어라

차분하게 그러나 분명하게, 나를 지키는 대화법

우리는 살아가면서 무례한 말을 듣는 순간을 피할 수 없다. 그러나 문제는 그때 어떻게 반응하느냐다. 과거의 나는 상대방이 불편한 말을 하면 토론하듯 반박하다가 갈등이 더 심해지곤 했다. 때로는 아무 말도 못 하고 속으로 삭였다. 겉으로는 괜찮은 척하지만 속은 곪아 가고, 관계는 더 멀어졌다. 그 시절은 늘 피곤하고 스트레스가 컸다.

그러다가 몇 년 전, 김주환 교수님의 《회복탄력성》을 읽으며 내 소통 방식이 건강하지 않다는 것을 깨달았다. 〈KRQ-53 테스트〉라는 회복탄력성 지수 검사를 해 보았는데, 대부분 항목은 바람직했지만 딱 한 가지에서 나는 건강하지 못했다. '대화를 할 때 하고 싶은 말을 다 하지 못하고 주저할 때가 종종 있다'라는 질문에 '그렇다'라고 체크할 수밖에 없었다. 순간 "맞아, 나 하고 싶은 말 많이 삼키는데…"라는 자각이 찾아왔다. 그때 비로소 나는 내 안의 취약함을 인정했고, 그걸 고치고자 노력하기 시작했다.

그 이후로는 상대방이 선을 넘을 때, 차분히 나의 감정과 생각을 솔직하게 이야기하기 시작했다. 상대가 한 말을 그대로 다시 말하며 "그런 이야기를 들으니 제 마음이 슬프네요", "그런 말씀을 들으니 씁쓸하네요", "저는 이런 상황에서는 ○○한 말을 듣고 싶습니다"와 같이 표현했다. 소통 전문가들이 강조하는 I-message(나 전달법)을 적용한 것이다. '당신이 틀렸다(You 메시지)'가 아니라, '나는 이렇게 느낀다'로 말하는 방식이다. 목소리를 높이지 않고, 때로는 웃으며, 때로는 낮고 단호하게, 때로는 부드럽게 전달했다. 이 방법은 내 감정을 억누르지 않으면서도 불필요한 싸움은 피하게 해 주었다.

예를 들어, 어느 모임에서 한 분이 내 외모를 반복적으로 지적했다. 처음엔 많은 사람들 앞에서, 그다음엔 몇 명이 있는 자리에서 같은 지적을 했다. 나는 차분하게 낮은 목소리로 이렇게 말했다.

"제가 그 얘기 듣는 거 안 좋아하는 거 아시죠. 상대방이 불쾌해하는 이야기를 계속 반복하는 건 매너가 아닌 것 같아요. 왜 매너가 아닌 걸 아시면서도 계속 말씀하실까요?"

순간 정적이 흘렀지만, 그 후로는 더 이상 그런 말이 나오지 않았다. 상대방은 내가 불편함을 느낀다는 사실을 분명히 알게 되었고, 우리 사이에 쌓일 수 있었던 앙금은 미연에 방지되었다.

직장에서도 이 방법은 유용하다. 실제로 한 리더가 내게 이런 고민을 털어놓았다. 그는 직장에서 세 명이 하던 일을 혼자 떠맡게 되면서 매일 야근에 쌍코피가 터지고, 결국 링거까지 맞으며 버티고 있었다. 그런데도 상사에게는 어떻게 말해야 할지 몰라 힘들어하고 있었다. 이럴 때 "저 너무 힘들어요. 도저히 못 하겠어요"라고 하면 단순 불평처럼 들릴 수 있다. 하지만 I-message로 이렇게 말할 수 있다.

"팀원 두 명이 그만두면서 세 명이 하던 일을 제가 맡게 되었습니다. 그래서 요즘 매일 늦게까지 야근을 하고, 건강에도 무리가 오고 있습니다. 저는 맡은 일을 잘 해내고 싶지만, 현재 상태로는 지속하기 어렵습니다. 인력을 보충하거나 업무 우선순위를 조정해 주신다면 품질도 유지하고, 회사에도 더 큰 도움이 될 수 있을 것 같습니다."

이것이 I-message다. 현재 상황(사실) → 나의 느낌(감정) → 필요한 변화(요청)를 담아 전하는 방식이다. 불평이 아니라 건설적인 제안으로 들리고, 상대방에게도 방어적으로 들리지 않는다.

결국, 매너 있게 불편하다고 말하는 법을 배우는 것은 나를 지키는 동시에 관계를 더 단단하게 만드는 기술이다. 무례를 참는 것이 성숙이 아니다. 건강하게 표현하는 것이 성숙이다.

오늘의 1% 실천 포인트

오늘 하루, 해야 할 말을 삼키고 넘어간 적이 있는지 떠올려 보자. 그리고 그중 하나를 골라 I-message로 다시 표현해 보라.

· "너 때문에 힘들어" 대신 → "나는 지금 일이 몰려 힘들어서 도움이 필요하다"

· "왜 그렇게 해?" 대신 → "나는 이 방식이 이런 리스크가 있을까 걱정된다"

말을 매너 있게, 그러나 분명히 하는 연습이, 결국 당신의 평판을 지켜 준다.

10

헌신에 뜻을 두고 나아갈 때, 길이 열린다

일의 동기가 '나'일 때 무너지고, '헌신'일 때 성장한다

성숙한 사람일수록 자기 앞가림만 신경 쓰기보다는 다른 이에게 도움을 주고 사회를 이롭게 하기 위해 노력한다. 성숙한 사회일수록 개인들이 건강한 자존감을 바탕으로 타인을 존중하며, 기꺼이 사회에 기여하는 모습이 많다. 결국, 개인의 성숙도나 가정, 단체 등의 조직의 내적 성숙도를 평가하는 하나의 지표는 '얼마나 헌신하려는 마음이 있는가'로 가늠할 수 있지 않을까 한다.

내가 사람다운 사람이 되기까지 부모님의 희생과 멘토의 가르침, 가족, 동역자들의 지지가 있었다. 심지어 우리가 지금 누리고 있는 이 땅과 사회는 무수한 선조들의 희생이 있었기에 가능한 일이다. 헌신은 우리의 성장과 생존을 지탱하는 보이지 않는 기둥이다. 그러나 요즘은 헌신의 가치를 인정하면서도 실제로 헌신하는 삶을 살아가려는 젊은이의 모습을 찾기 어렵다. 헌신은 힘들고 고된 일이라 여겨지고, 성공과 자기중심적 목표가 더 매력적으로 보이기 때문이다.

나는 한대협에서 수많은 대학생을 가르치며 중요한 사실을 깨달았다. 자기 자신의 힘듦, 성공, 명예, 커리어 등에 매몰되면 조직, 관계에 대한 지속성이 약해진다는 사실이다. 어떤 이들은 자기 자신의 힘듦이 무엇보다 중요하기에 학업과 한대협 일을 병행하기 힘들다면서 그만둔다. 어떤 이들은 자기 자존심이 무엇보다 중요하기에 동기보다 승진이 늦어진다거나 자신의 기대보다 성과가 안 났을 때, 함께 일하는 동료 또는 상사에게 지적받았을 때 그만둔다. 어떤 이들은 자기 커리어가 무엇보다 중요하기에 끊임없이 무엇이 더 나은 선택일까 계산하다가 조직이나 업무에 잘 몰입하지 못한다. 어떤 이들은 자기 컨디션이 무엇보다 중요하기에 조금만 아파도 결석을 하면서 함께 일하는 사람들에게 신뢰를 주질 못한다. 이처럼 자기 자신만을 동기로 삼으면 일을 지속하지 못할 핑곗거리는 무궁무진하다. 환경과 상황에 따라 동기는 쉽게 흔들리기 때문이다.

반대로, 일하는 동기가 '기여하겠다'는 뜻에 있는 사람들은 개인의 어려움과 한계를 극복하는 힘을 보여 준다. 이들도 힘들고 자존심이 상할 때가 있다. 컨디션이 안 좋을 때도 있고, 잠시 다른 이들의 선택이 더 나아 보일 때도 있다. 하지만 그들은 그 순간마다 '기여하겠다'는 목표를 되새기며 나아간다. 남 탓도 상황 탓도 하지 않고, 스스로를 절제하며 헌신의 가치를 지켜 간다. 이렇게 훈련받은 이들은 결국 어디서든 진정성을 인정받는다. 처음에는 스펙이나 커리어의 시작점이 달랐지만, 시간이 흐르면 공통적으로 리더십을 인정받아 승진하고, 조직에서 중요한 인재로 자리 잡는다. 단순히 반짝이는 성공이 아니라, 오래도록 존경받는 사람으로 성장한다.

자기 자신만을 동기로 삼는 것은 아이러니하게도 자기 파멸의 지름길이 될 수 있다. 그것은 무너질 핑곗거리만 늘어놓을 뿐, 나를 성장시키지 않는다. 반면, 헌신의 가치는 나 자신을 넘어 타인과 사회를 이롭게 하며, 그 과정에서 내 한계를 극복하고 진정한 리더로 나아가게 한다. 미래의 자기 모습을 그릴 때, 반짝이는 성공만을 꿈꾸지 않았으면 한다. 잠깐의 화려함은 사람들의 눈을 즐겁게 할지 모르지만, 오래도록 사람의 가슴을 울리는 것은 '평생의 헌신'이다.

그리고 헌신의 길에서 만난 사람들은 나에게 평생의 벗이 된다. 그들과 함께하는 여정에서, 나는 더 이상 혼자가 아니고 하루하루가 더욱 아름답고 풍요롭다. 헌신을 동력 삼아 나아가라. 당신의 삶은 언젠가 누군가의 귀감이 될 것이며, 그 길 끝에는 진정한 성공과 행복이 기다리고 있다.

오늘의 1% 실천 포인트

1. 오늘 하는 일 중 '나를 위한 것'과 '타인을 위한 것'을 구분해 적어 본다. 그리고 반드시 하나 이상은 '타인을 위한 행동'을 실행한다.
2. 힘들고 지칠 때 "나는 왜 이 일을 하는가?"를 다시 물어보라. 답이 '헌신'에 닿을 때, 흔들림이 멈춘다.
3. 작은 일이라도 "내가 기여할 수 있는 부분은 무엇일까?"를 먼저 고민하고 행동으로 옮긴다.

11

우리는 때때로 납득이 아니라
수용을 배워야 한다

내 기준을 넘어선 결정을 받아들이는 힘

우리는 살아가면서 수없이 많은 결정을 맞닥뜨린다. 그 결정이 내 의도와 딱 맞아떨어질 때는 별문제가 없다. 문제는 내가 바라던 것과 다른 방향으로 결정이 내려질 때다. 많은 사람들은 이 순간 "이해가 안 되는데요?", "도대체 왜 그런 결정이 내려진 거죠?", "납득이 되어야 받아들일 수 있어요"라고 말한다.

하지만 나는 일하면서 점점 깨닫게 되었다. 세상의 많은 결정은 나를 납득시키기 위해 존재하지 않는다는 사실을. 모든 결정이 해명되지도 않고, 설명되지도 않으며, 기다려 주지도 않는다. 때로는 그냥 받아들여야 한다. 납득이 아니라 수용이 필요한 순간이 있다.

신입 사원 시절, 나는 1지망을 신규 사업부, 2지망을 마케팅팀으로 써냈다. 그 방향이 나의 적성과 관심사라고 믿었기 때문이다. 그런데 신입 사원 연수가 끝나고 나는 전혀 예상하지 못한 전략기획실에 배정됐다. 누구도 이유를 알려주지 않았고, 지금도 그 배치가 어떤 기준에서 나온 결정인지 알지 못한다. 내 기준에서는 설명되지 않는 결정이었다. 그때 선택할 수 있는 길은 두 가지였다. 납득할 때까지 문제를 제기하거나, 이유를 몰라도 수용하는 것. 나는 후자를 택했다. "한번 해 보자, 받아들이는 것도 배움의 일부일 수 있다." 그렇게 전략기획실에서 보낸 시간은 훗날 나의 커리어 전체를 지탱하는 힘이 되었다. 구조적 사고, 분석력, 문서력 등 지금까지도 활용되는 기반 능력들은 바로 그 수용에서 시작되었다.

또 다른 경험도 있다. 수년간 함께 일하며 좋은 성과를 냈던 고객사가 있었다. 서로 신뢰가 있었고, 오랫동안 안정적으로 일을 이어갈 수 있을 거라 자연스럽게 생각했다. 그런데 어느 날 고객사의 임원이 바뀌면서 마케팅 정책이 통째로 달라졌고, 하루아침에 계약이 종료되었다. 그때 나는 항의하거나 억울함을 드러내지 않았다. 기업의 환경이 바뀌면 정책이 바뀌는 것이고, 비즈니스 관계는 언제든 종료될 수 있다는 것을 알고 있었기 때문이다. 그저 "그동안 감사했습니다"라고 인사하고 다음을 준비했다. 그런데 그 담당자는 이후 다른 회사로 이직했고, 나는 그 회사와도 다시 일하게 되었다. 이해되지 않는 상황을 억지로 해석하려 하지 않고 담담히 수용했기에 가능한 일이었다.

이 두 가지 경험은 내게 중요한 사실을 알려 주었다. 삶의 많은 결정들은 설명되지 않으며, 해명되지 않으며, 나의 이해 범위를 넘어선다. 그런데도 그 결정들이 결국 좋은 방향으로 이어지는 경우가 훨씬 많다는 것이다. 이해보다 수용이 내 삶을 더 멀리 이끌었다.

우리는 종종 '내가 이해해야 받아들일 수 있다'라고 생각한다. 하지만 현실은 반대로 움직인다. 우리가 겪는 수많은 결정은 내가 이해할 수 있는 이유로만 이루어지지 않는다. 이해는 내 관점 안으로 들어온 것만 가능하지만, 수용은 내 관점 밖의 세계를 인정하는 힘이다. 성숙은 대부분 이 두 번째 선택에서 갈린다.

우리가 납득하기 힘든 결정을 만났을 때 드러나는 것은 상대가 아니라 바로 우리의 내면이다. 조직의 리더는 개인이 보지 못하는 더 큰 그림을 본다. 여러 사람의 조합, 지속성, 분위기, 조직의 흐름, 장기적 안정까지 고려해 판단한다. 개인이 볼 수 있는 건 언제나 부분에 지나지 않는다. 그런데도 내 기준에 맞아야 받아들이겠다고 하면 삶은 억울함과 불만족으로 채워진다. 성장은 대부분 내가 이해한 것이 아니라, 내가 수용한 것에서 이루어진다.

성숙한 사람의 특징은 단 하나다. 이해되지 않아도 수용할 줄 아는 마음의 힘. 수용은 패배도 아니고, 수동적 복종도 아니다. 수용은 '나보다 더 넓은 맥락이 있을 수 있다'라는 관점의 확장이다. 그리고 이 확장이 더 큰 기회를 열고, 더 깊은 성찰을 가능하게 한다.

반대로 '납득 불가 = 관계 종료'로 반응하는 사람들은 장기적으로 동일한 패턴을 반복한다. 직장에서 승진 이유가 마음에 안 들 때, 프로젝트에서 역할이 기대와 다를 때, 누군가의 피드백이 자존심을 건드릴 때, 결정의 전체 맥락을 보지 못할 때마다 관계를 끊고 떠난다. 이는 타인의 문제가 아니라 자기 내부의 납득 중심 사고 때문이다.

결국 우리는 이 질문 앞에 선다.
'내가 이해할 때만 받아들일 것인가,
아니면 이해되지 않아도 수용을 배우며 성장할 것인가.'

결정을 이해하지 못해도, 그 결정을 존중하는 태도는 가능하다.
그리고 그 태도가 사람의 그릇을 결정한다.

12

퇴사도 평판이다

마지막 날까지 예쁘게 끝내는 법

퇴사는 누구에게나 찾아오는 순간이다. 새로운 길을 선택하거나, 개인적인 사정으로 회사를 떠날 때 우리는 몸담았던 조직과 작별한다. 그런데 퇴사의 방식은 단순히 이별의 형식으로 끝나지 않는다. 그것은 평판으로 남아 이후의 삶에도 영향을 미친다.

나는 퇴사하던 날, 나를 이끌어 주셨던 리더들, 함께했던 동료들, 그리고 도움을 주셨던 분들을 직접 찾아뵙고 인사드렸다. 전략기획실에서 근무할 당시 나를 따뜻하게 대해 주셨던 사장님께도 감사 인사를 드렸다. 그 자리에서 사장님은 내 미래를 응원하며 따뜻한 격려의 말씀을 건네 주셨다. 퇴사 인사 전, 출산휴가와 육아휴직으로 1년 3개월의 공백이 있었기에, 이미 나의 부재에 익숙해진 상황에서 인사를 전하는 일이 조금은 어색하게 느껴졌지만, 그저 함께했던 분들에게 마지막까지 예의를 다하고 싶었다. 나중에 돌이켜 보니, 그 작은 인사가 내게도 좋은 기억으로, 상대방에게도 따뜻

111

한 인상으로 남았음을 알게 되었다.

한대협에서도 다양한 마무리의 모습을 본다. 임원이 아니라 단순 팀원으로 활동했음에도 손 편지와 작은 선물을 전하며 감사 인사를 남기는 학생이 있는가 하면, 팀장, 국장까지 했던 학생이 활동 종료 후 아무런 인사도 없이 연락을 끊는 경우도 있다. 심지어 한대협의 추천을 통해 취업까지 한 경우에도 말 한마디 없이 사라지는 이들이 있다.

나중에 건너 건너 들으면, 그들 중 일부는 "너무 죄송해서 카톡을 하기도 염치가 없었다"라고 말하곤 한다. 그러나 나는 그것을 핑계라고 생각한다. 진짜 미안하다면 더더욱 인사를 해야 한다. 불편함을 직면하지 못하고 회피하는 태도는 미안함을 덮어주지 못한다. 오히려 무책임한 이미지로 각인되며, 관계를 끝내고 싶다는 메시지로 남는다. 결국 마지막 태도 하나가 그 사람의 평판을 결정짓는다.

마무리 인사를 소홀히 하는 사람들의 공통점은, '이 관계는 여기서 끝이다'라고 생각한다는 것이다. 하지만 세상은 생각보다 좁다. 살다 보면 예상치 못한 곳에서 다시 만난다. 고객사로, 협력사로, 심지어 같은 업계 동료로 재회할 수 있다. 그때 과거의 퇴사 장면은 고스란히 떠오른다. 마지막을 성의 없이 끝낸 사람은 그 기억에서 자유롭지 못하다. 반대로 마지막까지 예의를 다한 사람은, 시간이 흘러 다시 만나도 신뢰와 호감을 기반으로 새로운 기회를 얻는다.

혹시 퇴사 시점에서 상사나 동료와 갈등이 있었다면, 해결되지 않은 상태로 떠나지 말자. 물론 모든 갈등을 완벽히 풀 수는 없다. 하지만 최소한 오해를 풀거나, "그동안 함께해서 감사했습니다"라는 인사라도 전하고 떠나는 것이 필요하다. 미해결 상태로 퇴사하면 그 기억은 오래도록 부정적으로 남는다. 반대로 끝까지 책임 있는 태도를 보인다면, 갈등이 있었더라도 시간이 지나면서 오히려 "그래도 마지막은 성숙했다"라고 인식된다. 생각보다, 떠나는 순간의 태도가 남은 이들에게 주는 임팩트가 크다.

그렇다면 어떻게 퇴사를 '예쁘게' 할 수 있을까? 몇 가지 원칙을 정리해보자.

1. 마지막 날까지 책임감 있게 마무리하자.

남은 시간이 짧다고 대충 일하면, 그간의 성실함도 한순간에 잊힌다. 마지막까지 맡은 일을 책임감 있게 처리하는 태도가 곧 당신의 평판이다. 특히 인수인계는 대충 넘기지 말고, 다음 사람이 편하게 이어갈 수 있도록 성심껏 준비해야 한다. "끝까지 책임을 다하는 사람"이라는 인상은 퇴사 후에도 오래 남는다.

2. 반드시 인사하고 떠나자.

리더, 동료, 함께 고생한 사람들에게 직접 인사를 전하라. 말로 하든, 손편지로 하든, 짧은 메시지라도 좋다. 중요한 건 "나는 함께한 시간을 소중히 여겼습니다"라는 마음을 남기는 것이다.

3. 불편함을 회피하지 말자.

인사를 못 하는 이유는 대부분 미안함과 어색함이다. 그러나 그것을 넘어서야 한다. 불편함을 직면하고 예의를 다할 때, 오히려 진심이 전달되고 관계는 더 오래 이어진다.

4. "또 뵐게요" 등 다음을 기약하자.

퇴사는 끝이 아니라 다음을 위한 연결점이다. "언젠가 다시 만나 함께할 수 있다"라는 여지를 남기는 것이 현명하다.

퇴사는 단순히 회사를 떠나는 일이 아니다. 내가 어떤 태도의 사람인지 마지막으로 보여 주는 순간이다. 평판은 마지막까지 지킨 성실과 예의에서 완성된다는 것을 기억하자.

당신이 떠난 자리에 남는 건 '성과'가 아닌, '사람들의 기억'이다.

그 기억 속에서 당신은 어떤 사람으로 이야기되고 싶은가?

오늘의 1% 실천 포인트

퇴사든 이별이든, 마지막은 꼭 "감사합니다"로 끝내자.

그 한마디가 어색함을 덜어 주고 미안함을 녹이며 함께했던 시간을 소중한 기억으로 바꿔 준다.

사람들은 성과보다 태도를 오래 기억한다. 마지막 순간 남긴 말과 표정이 당신의 이미지를 결정한다.

"감사합니다"라는 짧은 인사 하나가 다리를 놓고, 언젠가 다시 만날 수도 있는 내일을 지켜 준다.

PART 3

오늘 당장 바꾸는 일 습관

신뢰는
리더가 있을 때가 아니라

없을 때
결정된다

01

칭찬은 못 받아도 미움은
안 사는 실무자의 5가지 법칙

비판 없이 개선하고, 과하지 않게 제안하는 노하우

토론을 매우 잘하던 한 친구가 있었다. 말할 때 논리가 또렷했고, 문제의 핵심을 잘 짚어냈다. 그런데 문제는 일상생활에서도 그 스타일이 그대로 적용된다는 점이었다. "나는 그냥 사실만 말하는 거야" 그 친구는 이 말을 입에 달고 다녔다. 동료들의 문제점을 정확히 지적하고, 조직이나 리더의 결정에서 납득이 안 되거나 비효율적으로 보이는 부분은 주저 없이 콕 집어 말했다. 그러다 보니 갈등이 잦았다. 조직 안에서 마찰이 자주 생겼고, 한 회사에 오래 머무는 경우가 거의 없었다. 사람들과 충돌이 생길 때면 그는 되려 억울해했다. "이 정도 말도 못 하면 민주적인 분위기가 아닌 거 아니야?" 자신은 '피해자'이고, 오히려 조직 분위기가 문제라는 듯 자신의 태도를 정당화했다. 그를 겪어본 사람들은 서서히 그와 거리를 두기 시작했다.

사회생활에서 실력도 물론 중요하지만, 그보다 먼저 평가되는 게 있다. 바로 '함께 일하기 편한 사람인가'에 대한 직관적인 확신이다. 리더가 누구에게 일을 맡길지를 고민할 때, '이 사람이 옳은가?'보다 '이 사람에게 맡기면 내가 편한가?'를 먼저 따진다. 즉, 아무리 맞는 말을 해도 그 말로 인해 사람들을 불편하게 만든다면, 그 사람은 결국 기회를 잃는다.

그래서 실력 있는 사람일수록, 행동은 주도적이되 겸손하게, 그리고 신뢰를 잃지 않도록 조심스럽게 해야 한다. 그렇게 일하는 방식에는 몇 가지 원칙이 있다.

첫째, 말보다 실행을 먼저 한다. "이 방식 별로예요"라고 문제점을 지적하는 것보다, "이렇게 해봤더니 더 나았어요"라고 결과로 보여 주는 편이 훨씬 효과적이다. 말로 비판하는 건 누구나 할 수 있다. 하지만 대안을 담은 실행은 아무나 할 수 없다.

둘째, 내 역할 안에서 개선한다. 내가 맡은 일, 내가 조정할 수 있는 범위 안에서 작더라도 지속적으로 업그레이드하는 것이 진짜 개선이다. 내 역할을 넘어선 제안은 신중해야 한다. 아무리 좋은 의도라도 신뢰가 충분히 쌓이지 않은 상태에서, 혹은 조직의 전체 판을 흔들 수 있는 방향이라면 조심스러울 수밖에 없다. 신뢰가 먼저다. 영향력은 그다음이다. 최고 리더의 위치에 있거나, 조직과 깊은 신뢰가 형성되어 의견을 구하는 상황이라면 제안은 가능하다. 그러나 그럴지라도 태도는 겸손해야 한다.

셋째, 중간 점검을 요청한다. "제가 생각해 본 건 이런 방향인데 어떠신가요?", "이 방향 괜찮을까요?" 이런 질문은 단순한 업무 확인이 아니다. "나는 당신의 기대를 고려하며 일하고 있습니다"라는 시그널이다. 이 한 문장이 리더로 하여금 마음 편하게 나를 신뢰하고 일을 맡기게 만든다. 겉으로는 주도적으로 보일지라도, 혼자 판단하고 밀어붙이는 사람보다 함께 조율하며 가려는 사람에게 더 많은 기회가 간다.

넷째, 피드백을 먼저 구한다. "더 나아지려면 어떤 점을 바꾸면 될까요?" 이 질문은 내가 성장할 준비가 되어 있다, 나는 배움과 성장을 원한다는 뜻이기도 하다. 반대로, 피드백을 기피하거나 피드백을 받았을 때 방어적으로 대응하는 사람에겐 다음 기회가 주어지지 않는다.

다섯째, 말투와 시선을 다듬어야 한다. "나는 그냥 사실만 말하는 거야"라는 말은 대부분 자기 합리화에 가깝다. 팩트를 말하더라도, 그 말이 상대를 불편하게 만들었다면 내용이 아니라 방식을 돌아봐야 한다. 조직은 '옳은 말'을 하는 사람보다, '말을 예쁘게 하는 사람'을 더 오래 곁에 두고 싶어 하기 때문이다.

결국, 인정은 사소한 말과 행동들이 쌓여서 온다. 조직은 기여를 기억한다. 조용히 개선하고, 말보다 실행으로 보여 주며, 팀의 문화와 분위기를 해치지 않으면서 변화를 만들어 내는 사람. 그 사람이 결국 "이 일은 저 친구에게 맡기자"라는 말을 듣는 사람이다.

칭찬은 당장 못 받을 수 있다. 하지만 미움은 사지 않으면서, 조용히 중심에 서 있는 사람이 되자. 그런 사람은 기회를 놓치지 않고, 오래 쓰임 받는다.

오늘의 1% 실천 포인트

비판은 줄이고 실행을 늘리자. 작은 개선을 내 자리에서 먼저 보여 주자.

중간 점검과 피드백을 즐겨 묻는 태도는 리더를 안심시키고 기회를 불러온다.

옳은 말보다 예쁜 말이 오래 살아남는다.

02

메신저 한 줄만 잘 써도
그에 대한 인상이 달라진다

일잘러들의 센스 있는 메신저 기술

요즘 직장 생활에서 가장 많이 쓰는 업무 도구 중 하나는 메신저다. 보고도, 지시도, 질문도, 심지어 회의 준비까지도 메신저 안에서 오간다. 그래서 메신저에서 어떤 식으로 묻고 답변하고 응대하는지가 그 사람의 인상과 직결된다. 단체 대화방의 분위기도 결국 메신저를 어떻게 운영하느냐에 따라 크게 달라진다.

흥미로운 사실은, 메신저 센스가 좋은 사람은 팀에서 사랑받을 확률이 높다는 것이다. 같은 내용이라도 어떻게 쓰느냐에 따라 '업무를 잘 챙긴다'라는 인식을 얻게 되기도 하고, 반대로 '불편하다'라는 인상을 주기도 한다.

나는 한대협에서 훈련받은 리더들이 회사에 입사했을 때, 유난히 메신저에서 사랑받는 경우를 많이 봤다. 그들의 공통점은 아주 사소한 것 같지만, 팀 전체에 도움이 되는 센스 있는 습관을 갖고 있다는 것이다.

먼저, 요청하지 않아도 자발적으로 정리한다.

단체 메신저 방에서 업무 요청이 오면, 완료·미완료를 구분해 대상자 이름을 정리해서 올려 둔다. 덕분에 누락자가 생기지 않고, 담당자가 빠르게 전체 상황을 파악할 수 있다. 한 친구의 사례를 들어 보자. 그가 신입 사원일 때, '각자 추석 선물 세트 선택해서 인사팀에 전달해야 한다'라는 메시지를 보고, 센스 있게 메신저 공지를 올려 칭찬받은 일이 있다. 그는 추석 선물 세트 3가지를 간단히 A, B, C로 매겨 두고, 〈A 선택: / B 선택: /C 선택: / 선택 완료: / 선택 미완료: 팀원 이름 누락 없이 모두 정리〉 이렇게 정리하여 올려 두었다. 팀원들은 모두 자기 이름을 빠르게 '미완료'에서 '완료'로 옮기고자 하는 생각에, 빠르게 선물 세트를 선택했고, 후딱 그 업무를 처리할 수 있었다. 선배들이 너 나 할 것 없이 이런 건 어디서 배웠냐며 칭찬받았다고 이야기했다.

둘째, 공지 메시지에 반드시 반응한다.

읽었는지 모르는 '읽씹'이나 아예 반응 없는 '안읽씹'은 팀 분위기를 차갑게 만든다. 반면 간단한 공지일지라도 '확인했습니다!'라는 한 줄은 리더와 동료들에게 안도감을 준다. 이 한마디가 팀의 신뢰를 쌓는 출발점이 된다.

셋째, 두고두고 봐야 할 메시지는 기록으로 남긴다.

메신저에 잠깐 올린 공지성 내용은 시간이 지나면 묻히기 쉽다. 센스 있는 사람은 방 리더에게 "공지 게시글로 등록해도 될까요?"라고 먼저 여쭌 뒤, 중요한 내용은 바로 고정해 둔다. 덕분에 모두가 편리하게 업무를 진행할 수 있다. 실제로, 한 IT 스타트업에서는 한 사원이 '팀 간에 공유하는 드라이브 주소, 공용 ID와 비밀번호'를 채팅방 공지로 정리해 두었다. 그 공지가 누누이 팀원들에게 큰 도움이 되었고, 알게 모르게 그는 팀 내에서 센스 있는 사람으로 자리 잡았다. 작은 기록 습관 하나가 팀 전체의 효율을 높여준 것이다.

넷째, 리더가 공지에서 놓친 부분은 개인적으로 확인한다.

간혹 리더가 단체방 공지에서 중요한 내용을 빠뜨릴 때가 있다. 이럴 때 센스 있는 사람은 공개적으로 지적하지 않고, 개인톡으로 따로 조심스레 여쭌다. "이 부분도 포함되는 게 맞을까요?"라는 질문은 리더의 체면을 세워 주면서 동시에 팀 전체의 실수를 막는 지혜로운 태도다.

마지막으로, 업무 시간 외 메시지는 배려가 담겨 있다.

부득이하게 근무 시간 이후에 메시지를 보내야 할 때, "답변은 내일 주셔도 됩니다. 확인만 해 주세요"라는 한 줄을 덧붙인다. 상대방의 개인 시간을 존중하는 태도가 배려심 있는 사람으로 기억되게 한다.

그 외 알아두면 좋은 팁

1. 답변을 할 때는 추가 질문이 없도록 구체적으로 답변하자. (특히, 정확한 기한을 언급하자.)

"네 알겠습니다" 보다는 "넵, 오늘 오후 3시까지 제출하겠습니다"가 바람직하다.

2. 질문은 물음표살인마처럼 느껴지지 않도록 모아서 올리자.

"회의 안건 관련해서 세 가지가 궁금합니다. ①장소 확정 ②발표 순서 ③발표자 명단"

3. 칭찬과 격려는 인색할 필요 없다.

"덕분에 자료 정리가 빨라졌어요. 감사합니다:)"

결국 메신저 센스란 거창한 기술이 아니다. 작은 배려와 정리 습관이 담긴 한 줄이 쌓여서 팀의 신뢰와 분위기를 만든다. 업무 능력은 보고서나 실적에서만 드러나지 않는다. 동료들이 매일 마주하는 메신저 속 표현과 태도에서 이미 그 사람의 성실함, 책임감, 배려심이 고스란히 보인다.

메신저는 단순한 소통 도구가 아니라 나라는 사람을 보여 주는 또 하나의 무대다. 같은 내용을 전달하더라도 어떻게 쓰느냐에 따라 '함께 일하고 싶은 사람'이 될 수도 있고, 반대로 '피곤한 사람'이 될 수도 있다.

작은 습관 하나가 쌓여 신뢰가 되고, 신뢰는 곧 기회가 된다. 결국 메신저 한 줄이 업무를 넘어 나의 평판을 만든다. 오늘부터 단톡방에 올리는 그 짧은 한 줄에, 나를 드러내는 태도와 센스를 담아 보자.

오늘의 1% 실천 포인트

메신저 한 줄에 태도가 담긴다. "확인했습니다"라는 짧은 답변, "내일까지 주셔도 됩니다"라는 배려, 중요한 공지를 정리해 두는 습관이 결국 당신을 함께 일하고 싶은 사람으로 만든다.

03

보고와 기록, 당신을 지켜 주는
가장 확실한 증거

꾸준한 기록이 평판과 기회를 지킨다

업무 현장에서 기록은 때론 '형식적인 절차'로 취급되곤 한다. 하지만 작은 기록 하나가 위기를 막고, 보고 한 장이 평판을 지키며, 꾸준한 기록이 결국 새로운 기회를 가져온다. 기록을 남기지 않는 사람은 늘 설명해야 하고, 변명해야 하며, 억울한 상황에서도 스스로를 지킬 방법이 없다. 반대로 기록을 습관처럼 남기는 사람은 시간이 지날수록 신뢰를 쌓고, 언젠가 찾아오는 중요한 순간에 자신을 증명할 무기를 갖게 된다.

업무를 하다 보면 '굳이 기록까지 해야 할까?'라는 생각이 들 때가 있다. 일이 바쁘고 급하면 그때그때 처리하는 데만 집중하게 된다. 하지만 경험이 쌓일수록 깨닫게 된다. 보고와 기록을 남겨두지 않으면 반드시 탈이 난다는 사실을.

보고를 생략하거나 기록을 남기지 않으면, 시간이 지나면서 기억이 희미해지고 책임 소재가 불분명해진다. 한 달 전 결정 사항이 무엇이었는지, 누가 어떤 요청을 했는지, 어떤 합의가 있었는지 흐릿해지는 순간, 애써 해 놓은 일이 부정당하거나 다시 반복되는 경우가 생긴다. "그때 그렇게 말한 적 없다"라는 말이 나오면, 증거가 없는 쪽이 불리해지기 마련이다.

예전에 기록의 중요성을 절실히 깨달은 경험이 있다. 한 고객사의 담당자가 이메일이나 카톡보다는 통화를 선호해 이번 달에 콘텐츠를 몇 건 발행할지 등을 구두로만 지시하곤 했다. 혹시 몰라 통화 내용을 간단히 텍스트로 정리해 이메일이나 카톡으로 남겨 두었고, 매달 성과 보고서도 성실히 작성해 전달했다. 담당자는 보고서를 꼼꼼히 확인하는 것 같지 않았지만, 그 여부와 상관없이 나는 3년 동안 단 한 번도 빠지지 않고 매달 보고서를 성실히 제출하고 기록을 남겨 두었다.

그러던 어느 날 담당자가 퇴사했고, 새로운 담당자가 인계받은 후 한참 지나 감사 부서에서 이전의 모든 업무 이력을 요구했다. 단순히 성과 보고서뿐 아니라, 왜 그 건수로 발행했는지 배경까지 제시해야 했다. 그때 나는 예전에 메일과 카톡으로 남겨둔 기록을 모두 캡처해 제출할 수 있었고, 3년에 걸쳐 쌓아 온 보고서들이 결정적인 역할을 했다. 덕분에 본사로부터 '신뢰할 수 있는 업체'라는 인정을 받을 수 있었다. 꾸준히 남겨 둔 기록이 회사를 지켜 준 순간이었다.

특히 팀 단위로 일할 때는 기록의 힘이 더 크다. 보고서와 업무 일지가 공유되면 누가 어디까지 진행했는지, 어떤 문제가 발생했는지가 선명해진다. 덕분에 새로 합류한 팀원도 빠르게 상황을 이해할 수 있고, 상사 역시 전체 그림을 쉽게 파악할 수 있다. 기록 없는 팀은 늘 "이건 누가 맡았지?", "지금 어디까지 된 거야?"라는 질문이 불가피하다.

기록을 남기는 습관은 자신을 지키는 방패이기도 하다. 잘못된 지시가 내려왔을 때, 불합리한 요구를 받았을 때, 모든 것을 기억에만 의존한다면 결국 자신이 책임을 떠안을 위험이 크다. 그러나 업무를 기록하고, 정리된 보고를 남기는 사람은 억울한 상황에서도 스스로를 방어할 근거를 갖게된다.

결국 보고와 기록은 번거로운 형식이 아니라 자신의 일과 평판을 보호하는 장치다. 작은 기록이 큰 탈을 막는다. 업무 현장에서 살아남고 싶다면, 반드시 보고와 기록을 남겨야 한다. 그 습관이 책임감을 증명하고, 불필요한 위험으로부터 나를 지켜 줄 것이다.

업무 기록을 효과적으로 남기는 방법을 정리해 본다. 첫째, 구두 지시도 반드시 텍스트로 남겨야 한다. 통화나 회의에서 합의된 내용은 바로 이메일이나 메신저에 정리해 두자. "방금 통화 내용 정리해 드립니다"라는 한 줄만 있어도 큰 힘이 된다. 둘째, 성과와 과정을 함께 기록해야 한다. 단순히 결과 수치만이 아니라, 그 수치가 나온 배경과 과정까지 기록하면 나중에 설명할 때 훨씬 유리하다. 셋째, 정기적 보고를 습관화해야 한다. 상대가 확인하지 않더라도 매주, 매달 정해진 주기에 맞춰 보고하는 꾸준함이 신뢰를 만든다.

나는 작은 기록이 쌓여 회사를 지켰던 경험을 잊을 수 없다. 그래서 지금도 보고와 기록을 결코 소홀히 하지 않는다. 여러분은 어떤가. 최근에 남겨둔 기록 덕분에 위기를 넘긴 경험이 있었는가, 아니면 기록이 없어 곤란했던 순간이 있었는가. 당신의 이야기가 또 다른 누군가에게는 값진 교훈이 될지 모른다.

1. 구두 지시는 반드시 텍스트로 남기자.

"방금 통화 내용 정리해 드립니다"라는 한 줄이 위기를 막는 방패가 된다.

2. 성과뿐 아니라 과정을 함께 기록하자.

숫자만 남기지 말고 그 숫자가 만들어진 맥락까지 기록하면 설명할 힘이 생긴다.

3. 정기적 보고를 습관화하자.

상대가 확인하지 않아도 꾸준히 남긴 보고는 언젠가 당신을 지켜 줄 무기가 된다.

04

문제를 숨기면 신뢰를 잃는다

즉시 보고와 솔직한 소통이 책임감을 증명한다

팀에서 문제가 발생했을 때 리더에게 즉시 보고하는 것은 무엇보다 중요하다. 문제 해결 주체가 본인이라 하더라도, 해결 후에 보고하는 것이 아니라 발생 즉시 보고해야 한다. 리더가 상황을 알고 있는 것과 모르는 것의 차이는 크다. 즉시 보고가 이루어지면 리더는 연쇄적으로 발생할 수 있는 리스크를 예측하고 대비할 수 있으며, 때로는 해결을 위한 지원이나 혜안을 제시할 수도 있다. 반대로 나중에 알게 되면 리더는 당신을 정직하지 못하고 문제를 은폐하려는 사람으로 인식하게 되고, 중요한 업무를 맡길 가능성은 낮아진다.

조직에서 자기 잘못을 은폐하려는 사람은 몇 가지 고정된 이미지로 각인된다. 첫째, 책임을 회피하는 사람이다. 문제가 드러나면 어떻게든 설명과 변명으로 상황을 모면하려 하고, 이는 동료들에게 "함께 일하기 불편한 사람"이라는 인식을 남긴다. 둘째, 신뢰할 수 없는 사람이다. 한 번 문제를 숨

겼던 이력이 생기면 이후의 보고나 성과도 색안경을 끼고 보게 된다. 셋째, 팀 분위기를 해치는 사람이다. 겉으로는 조용히 넘어가는 것 같아도, 뒤에서 결국 문제가 드러나면 팀 전체가 곤란해진다. 결국 은폐 습관은 개인의 평판만 깎는 것이 아니라, "그 사람 때문에 조직이 위험해진다"라는 낙인을 남긴다. 이런 낙인은 쉽게 지워지지 않고, 장기적으로는 경력에도 치명적인 손실이 된다.

실제로 내가 함께 일했던 한 후배가 떠오른다. 그는 프로젝트 일정에서 중요한 중간 단계를 놓쳤음에도 불구하고, "아직 진행 중입니다"라며 사실을 감췄다. 하지만 막판에 결과물이 전혀 준비되지 않은 것이 드러났고, 팀 전체가 긴급하게 새벽까지 일하며 수습해야 했다. 그 후배에 대해서는 '믿을 수 없는 사람'이라는 인식이 강해졌고 그 이후 그에게는 중요한 과제를 맡기지 않게 되었다. 실수 그 자체보다, 그 실수를 감추려 한 태도가 치명적이었던 것이다.

이 원칙은 인간관계에도 동일하게 적용된다. 가족이나 친구, 연인 사이에서도 문제가 생겼을 때 솔직하게 인정하지 않고 회피하면 관계는 급속도로 흔들린다. 예를 들어, 한 친구가 빌린 돈을 기한 내에 갚지 못했을 때, 솔직하게 사정을 설명하지 않고 연락을 피한다면 상대는 단순히 "사정이 있나 보다"가 아니라 '믿을 수 없는 사람이다'라는 인식을 갖게 된다. 또 부부 사이에서도 마찬가지다. 작은 실수를 하고도 "별일 아니야"라며 숨기다가 나중에 배우자가 우연히 알게 되면, 그 자체보다 '왜 감췄느냐'라는 사실 때문에 더 크게 상처받는다. 작은 잘못은 누구나 하지만, 은폐와 회피는 신뢰를 무너뜨린다.

따라서 인간관계에서도 문제를 직면하는 태도가 필요하다. 잘못을 했을 때는 즉시 인정하고, 상황을 설명하며, 어떻게 수습하겠다는 의지를 보이는 편이 훨씬 낫다. "내가 이번에 이런 실수를 했어. 네게 불편을 줘서 미안해. 앞으로는 이렇게 하려고 해"라는 한마디가 관계를 회복시키는 힘을 갖는다. 반대로 연락을 끊거나, 대화를 피하거나, 핑계로 일관하면 결국 신뢰는 회복 불능 상태에 빠진다.

문제를 덮어두는 것은 회피일 뿐 해결이 아니다.
• 조직에서는 즉시 보고로 신뢰를 지켜야 한다.
• 인간관계에서는 잘못을 은폐하지 말고 솔직히 인정해야 한다.
이 두 가지 습관이 쌓이면, 언젠가 진정한 신뢰와 교감을 경험하게 될 것이다.

오늘의 1% 실천 포인트

잘못은 누구나 할 수 있다. 하지만 그 잘못을 숨기는 순간 신뢰는 무너진다.
조직에서는 즉시 보고로, 관계에서는 솔직한 인정으로 오늘부터 작은 문제라도 정직하게 드러내자.
그 용기가 내일의 평판과 기회를 지켜 준다.

피드백을 자기 언어로 바꾸는 힘

피드백 소화력이 있는 사람이 일머리 있는 사람이다

상사의 피드백을 어떻게 다루느냐에 따라 그 사람의 '일머리'가 드러난다. 같은 지적을 받아도 어떤 사람은 불만을 드러내거나 그대로 옮겨 적는데 그치지만, 어떤 이는 의미를 곱씹으며 자기 언어로 재정리한다. 후자가바로 '피드백 소화력'이 있는 사람이다.

피드백은 단순히 받아 적는다고 끝나지 않는다. 그것을 자신의 사고 체계에 녹여서 '무엇을 고쳐야 하는지, 왜 그렇게 해야 하는지, 다시는 같은지적을 받지 않으려면 어떻게 할지'를 정리하는 과정이 필요하다. 이 과정을 거쳐야만 피드백이 단순한 지시가 아니라 '성장 자산'으로 바뀐다.

나는 한대협에서 이런 피드백을 자주 한다. "네가 잡은 콘텐츠 주제 자체는 좋은데, 왜 이 콘텐츠를 하겠다는 건지 근거가 부족하다. 수치와 사례가 더 들어가야 설득력이 있다." 어떤 팀장은 이 말을 "자료를 더 넣어야 한다"라고만 이해하고 인터넷에서 검색한 기사나 숫자 몇 개를 덧붙인다. 그러나 본질은 변하지 않았기 때문에 기획안은 여전히 뜬구름 잡는 얘기처럼 보인다.

반면 피드백 소화력이 있는 팀장은 이렇게 정리한다. "콘텐츠 주제를 설득력 있게 제시하려면, 콘셉트와 키워드 선정 근거가 명확해야 한다. 이전 콘텐츠 성과 분석을 통한 인사이트, 경쟁 채널의 유사 성공 사례까지 균형 있게 담아야 한다." 이렇게 자기 언어로 재구성하면, 이후 어떤 기획안을 쓰더라도 구조적으로 설득력이 높아진다. 상사 입장에서는 '피드백을 흘려 듣지 않고 자기 사고 체계에 반영하는 사람, 일머리가 있는 사람'이라고 평가하게 된다.

그렇다면 피드백 소화력을 높이려면 어떻게 해야 할까? 첫째, 받은 피드백을 기록하는 습관이 필요하다. 즉시 반응하기보다 메모해 두고 나중에 다시 읽어보면 본질이 보인다. 상사의 말이 한 번에 이해되지 않는다면, 양해를 구하고 녹음을 해두었다가 복기하는 것도 좋은 방법이다. 둘째, 의미 있는 질문을 던져야 한다. "제가 근거 데이터라고 생각한 부분이 부족했나 봅니다. 어떤 자료를 보완하면 더 설득력이 있을까요?"라고 묻는 순간, 피드백의 방향성이 구체화된다. 셋째, 상사의 표현을 그대로 두지 말고 자기 언어로 번역해야 한다. 예를 들어 상사가 "보고서가 한눈에 들어오지 않는다. 산만하다"라고 지적했다면, 이를 '내 보고서는 주제마다 흐름이 자주 끊긴다. 두괄식으로 써야 한다. 자료는 논리적 순서대로 배치해야 한다. 불필요한 데이터는 빼야 한다'라고 정리하는 것이다. 마지막으로는 곧바로 재적용을 시도해야 한다. 같은 유형의 업무에서 반복적으로 적용해야 내 방식으로 내재화된다.

　직장을 비롯한 단체 생활에서 피드백은 피할 수 없는 일상이다. 중요한
건 지적받았느냐가 아니라, 그것을 어떻게 소화하고 자기 언어로 정리하느
냐다. 피드백 소화력은 곧 성장 속도를 좌우하며, 상사에게는 '일머리 있는
사람'으로 각인된다.

오늘의 1% 실천 포인트

피드백은 흘려듣는 순간 사라지고, 자기 언어로 번역하는 순간 자산이 된다.
오늘 받은 지적을 그대로 두지 말고 내 사고 체계 속 문장으로 다시 정리해 보자.
그 한 줄이 내 성장 속도를 바꾸고 '일머리 있는 사람'이라는 평판을 만든다.

06

모르겠으면 물어보면 되잖아

질문하지 않는 팀원은 협업을 방해한다

한 팀장이 마케팅 프로젝트를 진행하며 한 팀원에게 블로그 상위 노출 성과를 트래킹하는 역할을 맡겼다. 그 팀원은 일주일 동안 아무런 말이 없다가, 중간 점검차 결과를 물었을 때 이렇게 말했다. "어떻게 하는지 몰라서 못 했어요." 순간 당황스러움을 넘어, 짧은 말 한마디에 많은 생각이 스쳤다.

'몰랐다고 한다면 그동안 왜 물어보지 않았던 걸까? 왜 찾아보거나 도움을 요청하지 않았던 걸까?'

"모르겠습니다"라는 말 자체는 문제 되지 않는다. 누구나 처음 맡은 일은 낯설고 실수도 할 수 있다.

하지만 몰라서 '못 했다'라는 말은 완전히 다른 결이다. 거기에는 '몰랐으니 아무것도 하지 않았다'라는 무책임이 숨어있다. 이는 단순한 솔직함이 아니라, 자기 역할을 방치한 채 그 책임을 회피하는 말이 될 수 있다. 이러한 태도는 특히 팀의 업무 진행을 늦추며 다른 사람들의 업무 효율성까지 떨어뜨린다. 협업의 균형이 무너진다.

반면, 조직에서 신뢰받는 사람들은 모르는 것을 두려워하지 않는다. 오히려 '물어볼 줄 아는 용기'가 그들을 성장하게 만든다. "처음 맡아보는 일이라 흐름을 짜 봤는데, 한번 봐 주실 수 있을까요?", "검색해 봤는데 잘 안 나와서요. 이 용어가 어떤 의미인지 알려주실 수 있나요?" 이런 질문은 단순히 모른다는 표현이 아니다. 적극적인 태도, 스스로 해결하려 한 흔적, 그리고 더 나은 결과를 위한 협업의 의지가 담겨 있다. 이러한 질문은 오히려 업무의 생산성과 팀워크에 탄력을 준다.

다만, 모든 질문이 긍정적으로 받아들여지는 것은 아니다. 검색 한 번이면 바로 나오는 내용을 매번 묻는다거나, 이미 한 차례 설명을 들은 내용을 반복해서 물어보는 태도는 협업을 방해한다. 자료를 꼼꼼히 읽지 않고 눈앞의 답을 놓친 채 "이거 어떻게 해요?"라고 묻는 것도 마찬가지다. 질문은 단순한 '물음'이 아니라, 스스로 고민한 흔적과 책임감 있는 태도의 산물이어야 한다. 최소한 본인이 먼저 확인하고, 검색해 보고, 동료에게 간단히 물어본 뒤에도 해결되지 않을 때 묻는 것이 바람직한 순서다.

그래서 평소에 이런 습관을 지니면 도움이 된다.
- 궁금한 내용이 생기면 먼저 키워드로 검색해 본다.
- 지난 메시지나 회의록, 자료에서 이미 답이 있는지 찾아본다.
- 반복해서 묻는 일이 없도록, 받은 설명은 꼭 메모해 둔다.
- 질문 전, "제가 이렇게 이해했는데 맞을까요?" 식으로 정리해 본다.
- 너무 자주 묻고 있다면, '이건 내가 혼자 해결할 수는 없을까?' 스스로 점검해 본다.

질문은 자기가 할 수 있는 만큼 해 본 다음, 도저히 해결되지 않을 때 던져야 한다. 고민 끝에 묻는 질문은 상대에게 '귀찮음'이 아니라 '기특함'으로 전달된다. 반면, 스스로 알아보려는 노력 없이 습관처럼 묻는 질문은 리더에게 피로감을 주고, 결국 신뢰를 잃게 만든다. 중요한 건, 무조건 물어보는 자세가 아니라, '능동적으로 알아내려는 태도'다.

또 한 가지, 질문을 미루는 이유 중 하나로 '상사가 바빠 보여서' 또는 '상사가 예민해 보여서' 등이 있다. 물론 배려심 있는 행동이지만, 질문의 때를 아는 센스는 업무 능력의 일부다. 눈치 있게 타이밍을 잡는 것만으로도 질문은 효율적일 수 있다.

도움이 되는 질문 타이밍과 방식은 다음과 같다.
• 오전 집중 업무 시간은 피하고, 점심 직전이나 오후 중 비교적 여유 있어 보일 때를 노린다.
• 메신저 등으로 먼저 "지금 잠깐 여쭐 수 있을까요?"라고 타진해 본다.
• 급한 이슈가 아니라면 질문을 모아 두었다가 묻는다.
• 대면이 어려울 경우에는 질문을 요약해 메신저나 이메일로 보내고, "시간 되실 때 확인 부탁드립니다"라고 남긴다.

협업이란 각자의 책임을 다하는 것을 전제로 한다. 질문하지 않는 팀원은, 협업의 기본을 놓치고 있는 셈이다. 그는 단지 조용한 사람이 아니라 자신의 책임을 멈추는 사람이다. 반대로, 스스로 해결해 보려는 노력 끝에 던지는 질문은 업무의 생산성과 전체 성과를 끌어올린다. 팀을 앞으로 나아가게 하는 힘이 된다.

제대로 묻는 사람이 성장하고, 그런 사람이 팀을 살린다.
지금 당신은 어떤 사람인가?

07

매몰 비용 심리에 빠진
사람들의 공통된 결말

'이때까지 한 게 너무 아까운데요'라는 생각이 부르는 손해

"네가 타고 있는 말이 죽었다면, 가장 좋은 방법은 말에서 내려오는 것이다."

북미 인디언 속담에 이런 말이 있다. 당연한 말 같지만, 실제로 사람들은 죽은 말에서 내려오지 못한다. 이미 그 말에 돈을 주고 샀다는 이유, 여기까지 타고 왔다는 이유 때문에 계속 올라타 있으려 한다. 결국 더 이상 움직이지 못하는 말 위에서 시간과 체력만 허비한다.

기획안도 마찬가지다. 많은 시간을 투자해 자료를 모으고, 문장을 다듬고, 슬라이드 디자인까지 공들여 만들었는데, 리더의 피드백은 냉정하다. "이건 지금 시즌에는 시장성이 없어. 아이템을 바꿔야겠네." 머리로는 피드백의 필요성을 이해하지만, 속으로는 이런 말이 터져 나온다. "이거 만드느라 내가 얼마나 고생했는데…. 이걸 또 고쳐야 된다고?"

한대협에서 대학생들을 가르치다 보면 이런 반응을 자주 본다. 논리적 근거를 들어 피드백을 해 줘도, 학생들은 "이때까지 고생한 게 아까운데 그냥 원래대로 하면 안 되나요?"라고 말하는 학생들이 꽤 많다. 어느 순간, 이들은 팀의 목표를 달성할 기획, 성과를 낼 수 있는 기획보다, 이미 쏟아부은 시간과 노력을 지키는 데 마음을 더 쏟는다. 그러나 그때부터 결과물은 어긋나기 시작한다.

리더의 피드백을 수용하지 못하는 태도는 단순한 고집으로 끝나지 않는다. 사회생활에서는 훨씬 더 큰 문제를 낳는다. 조직 목표보다 개인의 생각을 앞세우며 신뢰를 잃고, 변화에 대한 대응 속도가 느려져 기회를 놓친다. 피드백을 무시하는 태도는 팀 분위기를 흐리게 하고, 받아들이려는 팀원들과 갈등을 일으켜 협업을 경직시킨다. 결국 소통이 원활하지 않은 인물, '함께 일하기 불편한 사람'으로 인식된다. "내가 얼마나 고생했는데"라는 말은 내 노력을 지켜 주는 것이 아니라, 내 평판과 미래까지 깎아내리는 말이 된다.

나 역시 매몰 비용을 아깝게 여겼다면 큰 낭패를 봤을 것이다. 예전에 남편과 함께 식당 사업을 했을 때다. 월 최고 매출을 찍어도 인건비, 재료비, 세금을 제하고 나면 남는 수익은 턱없이 적었다. 지인의 사업체와 연결된 구조라 비용을 줄이기도 어려웠다. 시간이 갈수록 빚은 늘어날 수밖에 없는 상황이었다. 개업한 지 1년이 되던 즈음, 우리는 과감하게 문을 닫았다. 식당을 열며 들인 인테리어 비용, 권리금, 거처를 옮기며 쓴 이사 비용이 떠올랐지만, 이미 쓴 돈에 매달려 미래까지 잃을 수는 없었다. 만약 그때 '이제까지 쓴 돈이 아까워서'라는 이유로 계속 운영했다면 지금쯤 회복하기 어려운 빚을 떠안고 있었을 것이다. 빠른 결단 덕분에 생활에 큰 타격 없이 재정을 다시 세울 수 있었다. 손해를 인정하고 멈추는 용기. 과거의 투자보다 미래를 지키는 선택이 얼마나 중요한지 뼈저리게 배운 시간이었다.

이 모든 것이 바로 매몰 비용 심리다. 이미 투자한 시간, 돈, 노력이 아까워서 손해를 인정하지 못하고 빠져나오지 못하는 마음이다. 문제는 이 아까움이 단순한 감정에 그치지 않고 현재와 미래의 성과까지 잠식한다는 점이다. 상황이 바뀌었는데도 과거의 투자를 붙잡으면 손해는 눈덩이처럼 불어나고, 새로운 기회를 잡을 타이밍을 놓친다. 결국 매몰 비용을 붙잡는 사람은 자신이 지키려던 노력뿐 아니라 평판, 기회, 브랜드까지 함께 잃는다.

그렇다면 어떻게 이 심리에서 벗어날 수 있을까. 첫째, 판단 기준을 '아까움'이 아니라 '목적'에 두어야 한다. '이 선택이 내가 원하는 결과에 더 가까워지게 하는가?', '이 선택이 우리 팀의 목표 달성에 도움이 되는가?', '이 선택이 장기적으로 성과로 이어지는가?'라는 질문을 던져 보는 것이다. 둘째, 리더의 피드백 또는 의미 있는 조언들을 '내 노력을 무시하는 것'이 아니라 '성과를 높이는 지름길'로 재정의해야 한다. 피드백은 당신의 시간을 헛되게 하려는 것이 아니라, 오히려 당신의 수고를 덜고 목표에 더 빠르게 도달하게 하기 위한 안내다. 그러니 감정은 잠시 내려놓고, 수정 방향의 장점을 먼저 찾아야 한다. 셋째, 프로젝트 도중 반드시 '이대로 가면 성공할 수 있는가?'를 점검하는 중간 체크 시점을 만들어야 한다. 답이 '아니요'라면 과감히 방향을 바꿔야 한다. 사업에서도 마찬가지다. 당장 생활비는 벌 수 있어도 장기적으로 가능성이 없다면 빨리 접어야 더 큰 손해를 막을 수 있다. 넷째, 이전의 노력이 물거품이 됐다고 여기지 말아야 한다. 잘 안되는 방식을 배운 것도 소중한 자산이다. 실패 경험을 통해 배운 교훈은 이후의 선택을 더 현명하게 만들어 준다.

아까움은 누구에게나 자연스러운 감정이다. 그러나 그 아까움 때문에 가능성 없는 기획안, 프로젝트, 사업을 붙잡고 있다면, 내 브랜드도 함께 무너진다. 결국 미래를 지키는 사람은 과거의 투자보다 지금의 결단에 더 큰 가치를 두는 사람이다.

이미 쓴 돈과 노력은 돌아오지 않는다. '아깝다'라는 감정이 아니라 '목적에 맞는가?'라는 질문이 오늘의 결단을 바꾸고 내일의 성과를 지킨다. 과거를 붙잡지 말고 미래를 위한 선택을 하자.

08

"죄송합니다"가 반복되면 신뢰는 사라진다

지각·마감·약속이 보여 주는 자기 관리의 민낯

지각, 마감, 약속은 단순한 생활 습관이 아니다. 사회생활에서 이 세 가지는 그 사람의 성실성과 책임감을 가늠하는 척도로 여겨진다. 자기 관리를 소홀히 하는 사람은 이 부분에서 허점을 드러내고, 결국 좋지 않은 평판을 듣게 된다.

지각이 잦은 사람은 "기본이 안 되어 있다", "믿고 맡기기 힘들다"라는 말을 듣는다. 마감을 자주 어기는 사람은 "프로페셔널하지 않다", "팀 일정에 피해를 준다", "중요한 일은 맡기기 힘들다"라는 평가를 받는다. 약속을 잘 어기고 변명하는 사람은 "말과 행동이 다르다", "신뢰할 수 없다", "항상 핑계가 많다"라는 평을 듣는다. 이런 평판은 단순한 이미지 문제가 아니다. 한 번 굳어진 인식은 좀처럼 바뀌지 않기 때문에, 결국 기회와 가능성을 스스로 좁히는 결과를 낳는다. 자기 관리를 소홀히 한 대가를 주변의 평판으로 치르게 되는 것이다.

　이들의 공통된 특징은 세 가지다. 첫째, 즉흥적으로 움직이는 경향이 짙다. 루틴을 지키기보다는 순간의 기분에 따라 행동하다 보니, 지각이나 마감을 못 지키는 경우가 허다하다. 둘째, 우선순위를 정하지 못한다. 급한 일과 중요한 일을 구분하지 못해 허둥대다가 약속을 어기곤 한다. 셋째, 변명으로 상황을 덮으려 한다. 희한하게도 "갑자기 누수가 됐다, 정전이 됐다, 사고가 났다" 등 유독 이들에게만 사연이 많다. 스스로 관리가 부족했다는 사실을 인정하기보다 외부 탓을 하다 보니 같은 실수가 반복된다.

　먼저 지각은 그 사람의 하루 루틴을 보여 준다. 약속된 시간에 도착하지 못하는 사람은 자기 생활을 통제하지 못하거나, 우선순위를 잘못 매기는 경우가 많다. 그러다 보니 산만하게 여러 가지 잡다한 용무를 처리하다가 약속 시간에 늦는 편이다. 반복되는 지각은 상대방에게 '자기 관리가 안 된다'라는 인상을 심어 준다. 시간을 지킨다는 것은 상대를 존중하는 동시에 자신을 절제할 줄 안다는 증거다.

　마감은 자기 통제력의 결과물이다. 아무리 뛰어난 결과물이라도 정해진 시간 안에 내지 못한다면 팀 일정에 차질이 생긴다. 마감을 지키지 못하는 사람은 대부분 시간 관리뿐만 아니라 자기 통제가 잘 안 되는 편이다. 업무 도중 주식이나 유튜브, 카톡을 확인한다든지 하며 자주 샛길로 빠지는 경우가 많다. 마감을 지키지 못해 "죄송합니다"가 매번 반복되면 결국 신뢰를 잃게 되고, 회사에서 좋은 평가를 받기는커녕 중요한 일을 맡기 어렵다.

　약속은 자기 일관성을 드러낸다. 약속을 잘 지키는 사람은 원칙을 가지고 자신을 관리하기 때문에 말에 힘과 무게가 실린다. 반대로, 기분에 따라 약속 이행 여부가 달라지는 사람은 어느 순간부터 그가 한 약속에 대한 기대조차 얻지 못한다. 결국 약속을 지키지 않는 것은 스스로의 무게를 가볍게 만드는 일이다. 자신을 믿고 추천해 주는 사람이 없으니 승진이나 이직도 어려워진다. 좀 더 직설적으로 말하면, 약속을 지키지 않는 태도는 곧 스스로 기회를 차단하는 지름길이다.

이러한 자기 관리 부족으로 낭패를 보는 경우는 실제로 번번이 나타난다. 한 기업에서 수습으로 입사한 신입 사원이 있었다. 그는 유수한 대학 출신에 전공 지식도 있고 아이디어도 뛰어났으며 팀원들과 관계도 원만했다. 그러나 반복되는 지각과 마감 지연 때문에 결국 팀의 신뢰를 얻지 못했다. 출근 시간보다 5~10분 늦게 들어오는 일이 잦았고, 마감 기한도 잘 지키지 못했다. 동료들은 "똑똑하고 착하긴 한데 기본이 안 지켜져서 같이 일하기는 힘들 것 같다"라는 평을 내렸다. 결국 3개월 수습 기간이 끝났을 때, 회사는 그를 정직원으로 전환하지 않았다. 부족했던 것은 능력이 아니라, 자기 관리를 통한 기본적인 신뢰감이었다.

자기 관리는 거창한 목표를 세우는 것에서 시작되지 않는다. 시간을 지키고, 마감을 지키며, 약속을 지키는 작은 습관에서 출발한다. 이 기본이 무너진 사람은 아무리 큰 성취를 이뤄도 오래 존중받을 수 없다. 반대로 기본을 지킨 사람은 시간이 갈수록 더 큰 신뢰를 쌓아 간다. 그렇다면 자기 관리를 잘하기 위해서는 단순히 생활 습관을 고치는 것 이상이 필요하다. 핵심은 마인드 트레이닝이다.

첫째, '나는 다른 이의 시간을 소중히 여기는 사람이다'라는 정체성을 마음에 새겨라. 지각이나 마감 실패는 곧 다른 사람의 시간을 빼앗는 행위다. 시간을 지킨다는 것은 단순한 자기 관리가 아니라 타인을 존중하는 태도의 문제라는 점을 잊지 말아야 한다.

둘째, 나만의 준비 시작 시간과 업무 기한을 따로 설정하라. 공식 마감일이 있다면 그보다 앞선 '나만의 마감일'을 정하고, 출발 시간도 실제 약속 시간보다 여유 있게 계획해야 한다. 이렇게 하면 돌발 상황에도 흔들리지 않고 스스로를 관리할 수 있다.

셋째, 시간을 못 지키는 습관을 정당화하지 마라. 게으른 완벽주의자라서 또는 원래 성격이 그렇다며 자기 합리화를 시도하는 순간 변화는 멀어진다. 같은 기질과 성향을 지닌 사람들 중에도 이를 극복하고 프로페셔널하게 시간 관리를 잘하는 사람들이 분명히 있다는 사실을 기억해야 한다.

자기 관리는 곧 마음을 다스리는 훈련이다. 자기 합리화를 끊고, 다른 사람의 시간을 존중하는 마음을 품으며, 나만의 기준을 앞당겨 세울 때 비로소 진짜 자기 관리가 시작된다.
당신은 지금, 어떤 자기 관리 습관으로 주변의 신뢰를 얻고 있는가?

오늘의 1% 실천 포인트

"죄송합니다"로는 신뢰를 회복할 수 없다.
시간을 지키고 마감을 지키며 약속을 지키는 습관이 곧 자기 관리의 증거이고, 기회를 여는 열쇠다.
오늘부터 나만의 기준 시간을 앞당겨 지켜보자.

09

"이젠 네가 좀 알아서 해야지"
실력 없는 순종의 한계

'말 잘 듣는 사람'에서 '판단할 줄 아는 사람'으로 성장해야 한다

몇 달 전, 운동할 때 있었던 일이다. 강사를 꿈꾸는 한 학생이 인턴처럼 수업 현장에 나와 선생님께 강습법을 배우고 있었다. 2주 가까이 매일 2~3타임씩, 선생님은 시범을 보이며 방법을 설명해 주셨다. 그런데 시간이 꽤 흘렀음에도 불구하고, 그 학생은 여전히 지시가 있어야만 움직였다. 급기야 선생님이 이렇게 말씀하셨다. "이젠 네가 좀 알아서 해야지. 언제까지 다 일일이 가르쳐줘야 해?"

이 원리는 사회생활 어디에서든 그대로 적용된다. 처음엔 시킨 일만 잘해도 참 고맙다. 성실하고 순종적이라서 리더 입장에선 든든하다. 그래서 초반에는 꽤 높은 신뢰를 얻는다. 하지만 시간이 쌓이면, 그에게 기대하는 역할도 달라진다. 리더는 더 이상 "이걸 이렇게 해줘"라는 단순 지시가 아니라 "이건 왜 이렇게 흘러가지?", "어떻게 하면 더 잘할 수 있지?"를 스스로 고민하고, 판단력 있게 움직이길 원한다. 지시를 기다리는 사람에서, 주도적으로 움직이는 사람으로의 전환을 기대하는 것이다.

그리고 그 기대가 무너졌을 때, 리더는 결국 이렇게 말하게 된다. "이젠 네가 좀 알아서 해봐" 그런데 그 말에 돌아오는 답이 "그건 제가 들은 적 없었어요", "그건 제 일이 아니잖아요", "말씀만 해 주셨으면 했죠"라면, 리더의 마음속에 있던 신뢰는 조용히 무너진다. 처음엔 '고맙다'는 말이 나왔지만, 나중엔 '답답하다'는 말이 나오게 된다.

순종은 분명 장점이다. 하지만 실력 없는 순종은 오래가지 못한다. '말 잘 듣는 사람'에서 '판단할 줄 아는 사람'으로 성장하지 않으면, 조직은 그 사람을 점점 부담스러운 존재로 인식하게 된다. 예를 들어, 대리로 승진할 시기가 되었는데도 여전히 사원처럼 지시만 기다리고 있다면, 조직 입장에서도, 본인 입장에서도 발목을 잡는 구조가 된다. 시간이 흐르면서 그 시기에 맞는 모습으로 자라지 못하면, 결국 리더도 부담스럽고, 본인도 위축된다. 성장이 없으면, 관계는 멀어진다.

리더는 모든 일을 일일이 지시할 수 없다. 조직이 바쁠수록, 또는 시스템이 덜 정비된 조직일수록 지시의 범위는 모호해지고, 업무의 경계도 흐려진다. 이런 상황에서는 지시의 의도를 읽고 먼저 움직일 줄 아는 사람이 돋보인다. 반대로, 여전히 "말씀해 주셔야 하지 않겠어요?", "그건 제 업무 범위가 아니죠"라는 태도를 고수한다면, 그 사람의 존재감은 점점 희미해질 수밖에 없다.

착한 실무자에서 쓸모없는 인재로 바뀌는 순간은, 능력이 부족해서가 아니라 판단하지 않기 때문에 찾아온다. 성장은 능동성을 전제로 한다. 지시를 잘 따르는 사람은 처음엔 믿음직하지만, 따르기만 해서는 그 지점에서 멈춘다. 진짜 성장은 '지시를 따르면서도 끊임없이 생각하는 사람'에게 온다.

"만약 나를 이끌어 주는 리더가 없다면, 나는 어떻게 일해야 할까?"

이 질문을 자문하며 지시 없이도 스스로 움직이는 사람으로 성장해야 한다. 그런 사람은 성장이 가속화된다. 그리고 결국, 누구보다 빠르게 실무자로서의 경지에 올라설 것이다.

시킨 일만 잘하는 사람은 오래가지 못한다.

지시가 끊겼을 때 멈추는 사람이 아니라, 지시가 없어도 일할 줄 아는 사람이 결국 살아남는다.

오늘의 1% 실천 포인트

오늘 맡은 일 하나를 고르자. 지시받은 기준 말고 '리더라면 여기서 뭘 기대할까?'를 기준으로 완성도를 한 단계만 더 높여 보자.

10

SNS, 연예인만 조심할 일이 아니다

무심코 남긴 기록이 커리어를 흔든다

SNS나 카톡 프로필 같은 온라인 흔적은 이제 더 이상 연예인만 조심해야 하는 영역이 아니다. 직장인에게도 온라인은 또 하나의 무대이고, 그 무대 위에서 어떤 이미지를 남기느냐가 곧 오프라인 평판과 직결된다.

실제로 한 회사원의 이야기를 들은 적이 있다. 그는 배우자가 있음에도 불구하고, 인스타그램에는 마치 미혼처럼 보이는 사진들을 자주 올렸다. 심지어 배우자가 아닌 이성과 함께 찍은 사진이 눈에 띄게 많았다. 일은 잘하는 사람이었지만, 동료들은 그를 더 이상 신뢰하지 않았다. '일은 잘하지만 믿을 수 없는 사람'이라는 평판이 그를 따라다녔다. 한 번 잃은 신뢰는 되돌리기 어렵다. 결국 그가 쌓은 성과보다 온라인에서 보여 준 이미지가 더 큰 영향을 끼친 셈이다.

카톡 프로필이나 인스타그램에 회사와 상사를 은근히 비꼬는 글을 올리는 것도 치명적이다. 본인은 단순한 속풀이였을지 모르지만, 보는 사람 입장에서는 '조직에 불만이 많은 사람', '언제든 팀 분위기를 흔들 수 있는 사람'으로 인식한다. 또, 겸업이 금지된 상황에서 투잡·쓰리잡을 노골적으로 드러내는 것도 위험하다. 작은 온라인 기록 하나가 근로 계약 위반으로 연결될 수 있고, 결국 커리어 전체를 무너뜨릴 수 있다.

반대로, SNS를 현명하게 활용하는 사람들도 있다. 자신이 참여한 프로젝트나 제작한 제품을 애정 어린 글과 사진으로 소개하거나, 팀 성과를 자랑스럽게 기록하는 경우다. "이 캠페인을 하며 이런 점을 배웠다", "우리 팀이 이런 결과물을 냈다" 같은 흔적은 조직에 대한 애정과 전문성을 보여 주며 신뢰를 쌓는다. 온라인 흔적을 통해 긍정적 이미지를 쌓는 사람은 상사와 동료에게 "함께 일하고 싶은 사람"으로 각인된다.

업무와 평판에 도움이 되는 온라인 흔적은 크게 네 가지로 정리할 수 있다.

첫째, 전문성을 드러내는 기록이다. 프로젝트 경험이나 산업 관련 인사이트를 정리해 공유하는 글은 '일을 진지하게 대하는 사람'이라는 인식을 준다. 단순한 일상 기록이 아니라 전문적 시각이 담긴 흔적은 보는 사람으로 하여금 그 사람의 역량을 신뢰하게 만든다.

둘째, 성과보다 과정을 중시하는 기록이다. 단순히 결과를 자랑하는 것이 아니라, 업무 속에서 무엇을 배웠는지, 선배들의 조언에서 어떤 교훈을 얻었는지, 관찰과 고민 끝에 어떤 통찰이 생겼는지를 남기는 태도다. 이런 흔적은 건강한 마인드와 겸손함을 보여 주며, 동시에 배움을 성장의 자산으로 전환할 줄 아는 사람이라는 인상을 준다.

셋째, 학습과 성장의 흔적이다. 세미나, 교육, 독서 등에서 얻은 배움을 짧게 정리해 공유하는 것만으로도 '끊임없이 배우는 사람'이라는 신뢰를 얻게 된다. 성장은 눈에 보이지 않지만, 작은 기록들이 쌓이면 어느 순간 "이 사람은 자기 계발을 게을리하지 않는다"라는 평가를 받게 된다.

넷째, 긍정적 네트워킹의 흔적이다. 동료와 협업한 경험을 감사하게 언급하거나, 주변 사람들의 성과를 칭찬하는 글은 그 사람의 팀워크와 인격을 동시에 드러낸다. 조직은 이런 사람을 더 오래 곁에 두고 싶어 한다. 결국 이런 흔적은 시간이 갈수록 그 사람의 브랜드 자산이 된다.

어떤 콘텐츠를 올리든지, 가장 중요한 베이스는 자기 성찰이다. 기록을 남기는 행위 자체가 나를 드러내는 일이기 때문이다. 다수가 보는 공간에 감정을 그대로 드러내는 것은 솔직함이 아니라 자칫 무례함과 미성숙함으로 읽힌다. 순간의 불만을 풀기 위해 올린 짧은 글귀 하나가 오래 남아 불필요한 오해와 불신을 불러올 수 있다. 온라인은 한 번 남기면 지우기 어렵고, 맥락과 의도를 모르는 사람들이 언제든 다르게 해석할 수 있다. 그렇기에 글을 남기기 전 반드시 스스로에게 물어야 한다. '이 흔적을 본 사람들이 나를 어떤 사람으로 기억할까?' 이 질문 하나가 온라인 흔적을 성급한 감정 표출이 아니라, 신뢰와 성장의 기록으로 바꿔 준다.

온라인은 더 이상 사적인 일기장이 아니다. 또 하나의 명함이며, 곧 내 평판을 보여 주는 창이다. 연예인만이 아니라 직장인도 마찬가지다. 작은 글 하나, 사진 한 장에 신뢰와 기회가 걸려 있다. 오늘 남기는 흔적이 내일의 커리어를 흔들 수도, 지켜 줄 수도 있다.

11

실수를 빠르게 수습하는 방법

이 방법대로 한다면 전화위복이 될 것이다

누구나 실수를 한다. 중요한 것은 실수 자체가 아니라, 실수 이후의 태도와 행동이다. 빠른 수습은 실수로 인해 깎여나갈 수 있는 신뢰를 회복할 뿐만 아니라, 오히려 더 큰 신뢰를 얻는 전화위복의 기회가 되기도 한다.

한대협에서 2개 팀이 기획안을 발표하는 날이었다. 팀은 밤을 새우며 자료를 정리했고, 야심 차게 준비해 모두 앞에 섰다. 그런데 발표 직전, 빔 프로젝터가 고장 나 화면이 나오지 않았다. 더 큰 문제는 인쇄물조차 준비하지 않았다는 점이었다. 모두가 당황했고, 분위기는 삽시간에 얼어붙었다. 이때 팀장이 어떻게 대응하느냐가 승부를 갈랐다.

한 팀장은 얼굴이 창백해져서 "어떡하죠"만 반복하고, 여기저기 뛰어다니며 호들갑스럽게 사과하는 데 급급했다. 그러나 정작 발표는 시작되지 못했고, '대처가 프로답지 못하다'라는 생각이 들었다.

152

반대로, 또 다른 팀장은 당황스러운 상황에서도 차분히 말했다. "장비가 고장이라 화면 공유는 불가합니다. 대신 제가 직접 말로 설명드리겠습니다. 혹시 휴대폰으로라도 자료를 보실 수 있게 지금 파일을 바로 전송드리겠습니다." 즉시 대안을 제시하고 실행에 옮긴 것이다. 발표는 완벽하지 않았지만, 위기 상황에서의 침착함과 빠른 수습 덕분에 오히려 팀은 긍정적인 평가를 받았다.

발표가 끝난 후, 그는 내게 연락을 줬다. "오늘 기획안 피드백 감사드립니다. 그리고 프로젝터 고장을 미리 체크하지 못한 점 죄송합니다. 프로젝터는 바로 AS 맡겼습니다. 다음부터는 반드시 인쇄물도 준비해서 발표하겠습니다. 그리고 이런 일이 다른 팀에서도 생기지 않도록 모든 팀장들에게 이번 사례를 공유하겠습니다."

그의 지혜로운 대처에 나는 감탄하지 않을 수 없었다. 그는 자기 실수를 빠르게 수습하는 데 그치지 않았다. 같은 문제가 다시 발생하지 않도록 예방책을 세웠고, 더 나아가 다른 팀장들에게도 공유함으로써 조직 전체가 실수에서 배우도록 만들었다. 나는 그를 다시 보게 되었고, 그에 대한 신뢰가 더 견고해지는 순간이었다.

여기서 배울 점은 분명하다. 실수 직후에는 감정적인 사과보다 빠른 후속 조치가 우선이라는 것이다. 후속 조치가 늦어질수록 "책임감이 부족하다"라는 평가가 따라붙지만, 신속한 대처는 신뢰 회복 속도를 높인다. 그리고 문제가 정리된 뒤에는 차분하게 "재발 방지를 위해 이렇게 조치했습니다. 다시 한번 죄송합니다"라고 말하는 편이 훨씬 더 신뢰를 준다.

실수를 했을 때 기억해야 할 두 단계가 있다. 먼저, '어떻게'에 집중하는 것이다. 즉시 '어떻게 가장 빠르게 수습할 수 있을까'를 고민하고 실행해야 한다. 둘째, 수습이 끝난 후에 '왜'를 생각하는 것이다. '왜 이런 실수를 했을까, 무엇을 놓쳤을까, 재발을 막으려면 앞으로 일할 때 무엇을 개선해야 할까'라는 질문을 던져야 같은 일이 반복되지 않는다. 많은 사람들이 이 순서를 거꾸로 해서 문제를 키운다. 원인 규명이나 변명부터 늘어놓느라 정작 당장의 문제를 해결하지 못하는 것이다. 실수를 했을 때 올바른 순서는 언제나, 첫째 '어떻게', 둘째 '왜'다.

결국 사람들은 실수가 없는 사람보다 실수를 빠르게 바로잡는 사람을 더 신뢰한다. 실수는 누구나 하지만, 수습은 아무나 하지 못한다. 바로 그 차이가 평판의 갈림길을 만든다.

오늘의 1% 실천 포인트

1. 실수했을 때는 변명보다 '어떻게'를 먼저 생각하라. 가장 빠른 수습 방법을 찾는 것이 신뢰 회복의 출발점이다.
2. 사과는 호들갑스럽게 하기보다 차분한 후속 조치 후에 하는 것이 훨씬 더 신뢰를 준다.
3. 빠른 후속 조치 = 빠른 신뢰 회복이다. 늦어질수록 무책임하다는 인상을 준다.
4. 실수는 개인의 문제가 아니라 조직 전체가 함께 배우는 교훈으로 만들 수 있다.
5. 수습이 끝난 뒤에는 반드시 '왜'라는 질문을 던져 재발을 막는 장치를 마련하라.

12

진정성의 시험은 리더가 없을 때 시작된다

리더가 없을 때 가져야 하는 10가지 생각을 제안한다

"리더가 없는 시간엔 뭐 하고 있었어?"

이 질문은 단순히 근무 태도를 묻는 말이 아니다. 그 사람의 책임감, 자발성, 그리고 진정성을 묻는 말이다. 어떤 사람은 그 시간을 '눈치 보지 않아도 되는 시간'으로 여긴다. 또 어떤 사람은 '스스로를 증명할 수 있는 시간'으로 여긴다. 이 차이는 단순한 성향의 문제가 아니다. 신뢰를 얻느냐, 잃느냐를 가르는 기준이다.

실력은 리더 앞에서보다, 리더가 없을 때 더 정확히 드러난다. 누가 지켜보지 않아도, 누가 체크하지 않아도 맡겨진 일에 스스로 책임을 지고 움직이는 사람. 외부 기준이 아니라 내면의 기준으로 행동하는 사람. 그런 사람이 결국 조직에서 오래 신뢰받는다.

한 번은 실제로 이런 일이 있었다. 어느 팀에서 팀장이 예고 없이 자리를 비웠고, 갑작스레 팀은 중심을 잃었다. 누구도 선뜻 나서기 어려운 상황에서 한 부팀장이 조용히 앞으로 나섰다. 그는 놀라울 만큼 차분하게 팀을 정리하기 시작했다.

먼저 팀원들에게는 "지금 우리가 할 수 있는 것에 집중하자"라고 말했고, 상위 리더들에게는 상황을 예의 바르게 보고하며 "제가 임시로 역할을 맡아도 될까요?"라고 조심스럽게 제안했다. 누구의 요청도, 공식적인 임명도 없었지만, 그는 자발적으로 책임을 떠안았다. 그리고 부드럽게 팀원들을 아우르며 흐름을 다시 세웠다.

그 순간부터 분위기는 달라졌다. 팀은 안정감을 찾았고, 그의 태도는 자연스럽게 신뢰로 이어졌다. 그는 다음 기수에서 정식 팀장으로 선발되었다.

그는 이렇게 말하곤 했다.

"어차피 누군가는 해야 할 일이라면, 제가 먼저 움직이는 게 맞다고 생각했어요."

"지금 힘든 상황을 누구 탓으로 돌리는 건 의미 없잖아요. 우리가 할 수 있는 것부터 해 봐야죠."

"제가 팀장을 대신하겠다고 말은 못 하지만, 이 팀이 무너지지 않게는 하고 싶었어요."

이런 말들은 겉보기에 단순해 보일지 몰라도, 진짜 책임감을 가진 사람의 언어다. 자발적으로 움직이는 사람의 말에는 핑계나 계산이 없다. 주어진 자리 안에서 할 수 있는 최선을 다하는 것, 그것이 진정성의 출발점이다. 지시 없이도 공동의 목표를 잃지 않고, 문제가 생기면 핑계보다 해결책을 먼저 찾는 사람. 이런 사람들과 함께할 때 팀은 끊기지 않고 흘러간다.

그렇다면 리더가 없을 때도 묵묵히 자신의 자리를 지키며 주도적으로 일하는 사람들은 어떤 생각을 하고 있을까? 이들의 공통점은, 감시나 지시가 없어도 '지금 내가 어떻게 해야 조직에 도움이 될까?'를 스스로 묻고 있다는 데 있다.

예를 들어, 이런 생각을 품는다.

1. 리더의 부재는 방심이 허락된 시간이 아니라, 나의 진정성을 테스트하는 시간이다.
2. 이 공백을 외면하지 말자. 리더의 부재는 기다림의 이유가 아니라, 움직일 이유다.
3. 내가 맡은 역할은 내가 빠지면 그대로 비게 된다. '누가 대신하겠지'라는 생각은 팀을 가장 빠르게 무너뜨린다.
4. 지금 상황에서 내가 할 수 있는 일부터 정리하자. 통제할 수 없는 문제보다, 당장 움직일 수 있는 영역에 집중한다.
5. 상황 탓보다 역할에 집중하자.
6. 지금, 이 순간의 태도는 내가 선택할 수 있다. 혼란 속에서도 차분하고 성숙한 사람으로 남자.
7. 내가 먼저 기준을 지키면 팀의 기준이 된다.
8. 내가 먼저 움직이면 팀에 자발적인 흐름이 생긴다.
9. 문제를 늘어놓기보다 대안을 한 가지라도 제시하자.
10. 이 경험은 나를 키우는 시간이다. 이때의 선택은 결국 나의 평판과 다음 자리를 만든다.

이 말들은 단지 멋진 문장이 아니라, 그들의 기본적인 관점이다. 자발성과 책임감이 있는 사람은 남이 없을 때 더 정직하고 성실하게 행동한다. 그들의 행동은 스스로 세운 기준에서 나온다. 그리고 그 기준은 단단하다. 스스로 자리를 지키는 사람은 결국 조직 전체의 흐름을 지켜 낸다.

진정성은 직함에서 시작되지 않는다. 자발성, 책임감, 그리고 남이 보지 않는 순간에도 기준을 지키는 태도에서 시작된다. 보이지 않을 때도 자신의 몫을 다하는 사람. 그런 사람들이 모인 팀은 누군가 잠시 자리를 비워도 쉽게 흔들리지 않는다.

진정성의 시험은 리더가 없을 때 시작된다.
그 시간에 나는 어떤 사람으로 남을까.

오늘의 1% 실천 포인트

리더가 자리를 비운 순간, 이렇게 해 보자.

1. 맡은 책임은 끝까지 지킨다.

2. 문제를 발견하면 '누가 하겠지' 대신 내가 먼저 움직인다.

3. 상황을 탓하기보다 지금 할 수 있는 대안을 정리한다.

4. 작은 결정이라도 기준을 세우고 실행한다.

5. 오늘의 행동 하나가 내일의 신뢰가 된다는 사실을 기억한다.

PART 4

무너지지 않는 멘탈 관리

평판은

완벽함에 남지 않는다

흔들려도

무너지지 않는 태도에 남는다

흑역사도 평판의 일부일 뿐이다

흑역사는 지워야 할 과거가 아니라, 다듬어갈 현재다

얼마 전, 한 제자가 한대협의 추천을 받아 첫 회사 출근을 앞두고 있었다. 그는 "추천을 받고 들어가는 자리라 더 잘해야 할 것 같다"라며 긴장을 숨기지 못했다. 나는 그의 마음을 풀어 주고자 내 신입 사원 시절의 흑역사들을 이야기해 주었다. 그리고 말했다. "나도 실수투성이였지만, 20여 년이 지나니까 이렇게 성장했잖아. 그러니 실수를 너무 두려워하지 마라."

그 당시를 돌아보면 태도도, 역량도 부족했다. 지금도 그 시절의 실수들을 떠올리며, 대학생들에게 "이런 실수는 하지 말라"고 반면교사로 삼게 한다. 리더가 되어 한대협을 이끌고, 사업을 운영하며 팀원들을 보니 그때의 내가 얼마나 부족한 팀원이었는지 새삼 깨닫게 된다. 특히 내가 속했던 부서는 일이 많아 몇몇 선배님들은 주말에도 근무를 쉬지 않으셨다. 하지만 나는 한대협 일을 병행하느라 주말에 회사에 나가지 못했고, 자연히 평가도 좋지 않았다. 그 시절엔 그것이 내 평판의 전부인 줄 알고 상당한 스트레스를 받았다.

하지만 시간이 지나며 깨달았다. 평판은 한 시점의 모습일 뿐, 인생 전체를 설명하지는 않는다. 인생은 긴 여정이고, 평판은 그 여정을 따라 천천히 변해 가는 결과물이다.

누구에게나 20대에는 미숙함이 있다. 경험도 얕고 태도도 서툴다 보니 초반의 평판이 완벽할 수 없다. 그러나 30대에 들어서면 책임과 성과가 쌓이며 평가가 달라지고, 40대, 50대가 되면 오랜 시간 축적된 기록이 신뢰의 무게를 만들어 낸다.

결국 평판은 단번에 얻는 결과가 아니라 선택과 노력의 시간이 쌓인 뒤에 얻는 열매였다. 그래서 중요한 것은 '지금 부족하다'라는 사실보다 '앞으로 점점 나아지고 있는가?'라는 질문이다.

누구나 흑역사는 있다. 하지만 그 흑역사를 어떻게 해석하느냐가 중요하다. 그것을 실패의 낙인으로 남길지, 아니면 자기 객관화의 계기이자 도약의 출발점으로 삼을지는 온전히 나의 선택이다.

나는 지금의 평판을 가볍게 무시하라는 뜻으로 말하지 않는다. 여전히 사회초년생 시절의 부족함을 기억하며 그때의 실수를 떠올릴 때마다 스스로를 다잡는다. 좋지 않은 평판을 그냥 흘려보내는 것이 아니라 그 안에서 배우고 다듬는 태도야말로 성장의 출발점이다.

그렇다면 구체적으로 어떻게 자기 객관화를 할 수 있을까? 가장 손쉬운 방법은 기록하는 것이다. 하루의 태도와 실수를 짧게라도 메모하며 돌아보면, 시간이 지나면서 자신이 조금씩 달라지는 흔적을 확인할 수 있다. 또 신뢰할 만한 선배나 동료에게 피드백을 구하는 것도 도움이 된다. 내 일 처리나 태도에 대해 솔직한 의견을 부탁하면, 내가 미처 보지 못한 부족함을 발견할 수 있다. 마지막으로 작은 개선, 작은 변화를 줘 보는 것이다. 말투, 보고 방식, 시간 약속 같은 사소한 습관을 조금씩 바꿔 보며 주변의 반응이 어떻게 달라지는지를 점검하는 것이다. 그 변화들이 누적될 때 평판은 바뀐다.

결국 평판은 한순간의 평가가 아니라, 지속적인 자기 관리가 누적된 결과다. 흑역사도 그 과정의 일부일 뿐, 결코 인생의 최종 판결은 아니다.

실수는 부끄러운 흔적이 아니라, 나라는 사람의 성장 곡선을 그려 주는 좌표다. 돌이켜보면 그 시절의 부족함이 있었기에 지금의 단단함이 만들어졌다. 시간은 흑역사를 지워주지 않지만, 그 위에 더 좋은 기록을 덧칠할 기회를 준다.

그러니 실수를 지우려 하지 말고, 기록하라. 평판을 직시하고 배우고 다듬어갈 때, 우리는 생각보다 훨씬 빠르게 성장한다.

오늘의 1% 실천 포인트

1. 오늘 하루를 돌아보며 실수한 게 있다면 짧게 기록해 두자. 시간이 흐르면 그 기록이 성장의 흔적으로 남을 것이다.
2. 신뢰할 만한 선배나 동료에게 솔직한 피드백을 구하며 내가 보지 못한 부족함을 발견해 보자. 남의 눈을 빌리면 보이지 않던 사각지대가 드러난다.
3. 말투나 보고 방식, 시간 약속 같은 작은 습관 하나를 개선하며 주변의 반응 변화를 관찰하자. 그렇게 흑역사조차도 부끄러운 과거가 아니라 성숙을 증명하는 자산으로 바꿀 수 있다.

02

삶이 순탄해야 한다는
기대가 우리를 무너뜨린다

어려움도 삶의 일부라는 겸허함이 버티는 힘이 된다

그 어디에도 우리의 삶이 순탄할 것이라고 약속한 존재는 없다. 영생에 대한 약속은 있어도, 이 땅에서의 삶이 늘 안정적이고 수월할 것이라는 약속은 없다. 그런데 우리는 종종 내가 하는 일은 당연히 잘 풀려야 한다고 기대한다. 노력했으니 결과가 따라와야 하고, 성실했으니 보상은 당연하다고 여긴다. 주변에서 열심히 노력했는데도 입시에 실패한 사람들, 성실하게 일했는데도 경제적으로 불안정한 사람들, 착하게 살았는데도 병으로 고통받는 사람들을 수없이 봐 왔으면서도, 정작 자기 자신만은 예외일 거라고 생각한다. 근거 없는 기대다. '나는 잘돼야 한다'라는 기대가 클수록, 그리고 그 기대가 간절할수록, 실패를 마주했을 때 사람은 단순히 실망하는 수준을 넘어 깊은 좌절에 빠진다.

십여 년 전, 한 친구가 인턴으로 근무하며 정직원 전환을 간절히 바랐다. 누구보다 성실히 일했고, 스스로 보기에 성과도 나쁘지 않았다. 그래서 결과를 확신에 가깝게 기대했던 것 같다. 그러나 정직원 전환은 이루어지지 않았다. 그 이후 그는 한동안 자신이 붙잡고 있던 가치관과 삶의 방향 전체를 의심하게 되었다.

이 이야기는 우리 삶 전반에서 반복되는 장면이다. 열심히 준비한 시험에서 떨어지고, 최선을 다한 프로젝트가 무산되고, 성실히 쌓아온 관계가 한순간에 무너졌을 때 우리는 비슷한 질문을 던진다. "왜 나에게 이런 일이 생긴 걸까?" 이 질문 속에는 대개 전제가 하나 숨어 있다. 나는 이런 일을 겪지 않아도 되는 사람이어야 한다는 생각이다.

사실 나 역시 비슷한 기대와 좌절을 경험한 적이 있다. 수시로 대학을 갈 수 있었지만, 정시로 더 좋은 대학에 갈 수 있다는 권면을 듣고 수능을 선택했다. 그러나 결과는 기대와 달랐다. 평소보다 낮은 점수가 나왔고, 그 점수마저 온전히 활용하지 못한 채 원하지 않던 대학에 진학하게 되었다. 목표하던 대학의 불합격 통보를 받던 날, 하루 종일 펑펑 울었다. 내가 생각했던 그림이 완전히 무너졌기 때문이다.

하지만 딱 하루였다. 친언니가 떠올랐다. 그는 대학 이름과 상관없이 자신의 기량과 꿈을 마음껏 펼치며 삶을 주도적으로 살아가고 있었다. 그 모습을 떠올리며 깨달았다. 대학이 인생의 전부는 아니라는 사실을. 내가 추구해 온 삶의 목표는 입시 결과와 상관없이 여전히 유효했고 이 결과 하나가 인생 전체를 규정하지 않는다는 점이었다.

그 이후 나는 태도를 바꿨다. 이 대학에 온 이상, 이곳에서 얻을 수 있는 경험을 하나도 놓치지 않겠다고 마음먹었다. 대학방송국, 연극 동아리, 다양한 특강에 참여하며 적극적으로 진로를 탐색했고, 학업에도 충실히 임했다. 그 결과 조기 졸업과 함께 수석 졸업이라는 성과를 얻었다.

당시 나와 비슷하게 입시 전략에 실패해 같은 학교에 오게 된 사람이 있었다. 그는 '내가 여기 있을 사람이 아닌데'라는 생각에서 벗어나지 못한 채 학교에 마음을 두지 못했고, 방황하다 결국 학사경고를 받았다. 출발선은 같았지만, 전제의 차이가 태도의 차이를 만들었고, 결과는 완전히 달라졌다.

누구에게나 작든 크든 다양한 모습으로 불행은 찾아온다. 중요한 것은 그 불행을 어떤 마음으로 맞이하느냐다. '삶이 늘 순탄할 수만은 없다'라는 전제를 가진 사람은 어려움 앞에서 무너지기보다 버틴다. 반면, 내가 이렇게 노력했는데, 내가 이렇게 간절한데 일이 잘 풀려야 정상이라고 믿는 사람은 작은 균열 앞에서도 크게 흔들린다. 기대가 높을수록 좌절은 깊어지고, 회복은 더뎌진다.

나는 통제할 수 없는 요인들 앞에서 겸허해질 것을 제안한다. 겸허함은 체념이 아니다. 자포자기도 아니다. '어려움도 내 삶의 일부일 수 있다'라는 자각은 현실을 정면으로 바라보는 힘이다. 이 전제가 있어야 사람은 상황을 왜곡하지 않고 해석할 수 있고, 감정에 압도되지 않은 채 나아갈 수 있다. 불운을 특별한 저주로 해석하지 않고, 실패를 내 모든 노력의 부정으로 확대하지 않는 힘이다.

인생은 기대보다 변수가 많고, 노력과 결과는 언제나 정비례하지 않는다. 이 사실은 나에게도 예외 없이 적용된다. 그것을 겸허히 수용할 때 우리는 덜 흥분하고, 덜 절망한다. 결국 '이런 일도 올 수 있다'라는 마음으로 다시 중심을 잡게 된다.

삶이 순탄해야 한다는 기대를 내려놓을 때, 우리는 비로소 단단해진다. 어려움이 올 수 있다는 겸허함은 우리를 약하게 만드는 것이 아니라, 오래 버티게 하는 힘이 된다. 그리고 그 힘은 결국 재기의 발판이 된다.

오늘의 1% 실천 포인트

1. 일이 잘 풀리지 않을 때 먼저 '이런 일도 올 수 있다'라는 전제를 세워 본다.

2. 결과가 아니라 내가 선택한 태도 하나에만 집중한다.

3. 실패를 인생 전체의 부정으로 확대하지 않는다.

4. 기대가 무너졌더라도 다시 중심을 잡는 연습을 한다.

03

"나는 원래 이런 사람이야"가 위험한 이유

성향을 핑계 삼으면, 업무 범위도 인생도 줄어든다

얼마 전 콘텐츠 마케팅 회의에서 각 담당자가 준비해 온 기획안에 대해 피드백을 주고받는 시간이 있었다. 한 콘텐츠를 흥미롭게 풀어갈 방법을 이야기하던 중, 한 담당자가 이렇게 말했다. "저라는 사람이 워낙 유머와는 거리가 있고 진지한 편이다 보니, 콘텐츠를 재미있게 만드는 걸 잘 못하는 것 같아요." 나는 이렇게 답했다. "그럼 우리가 보는 재미있고 유머 있는 콘텐츠를 만든 사람들이 모두 유머러스할까요? 기획자의 성격과 기질이 마케팅을 하는 데 제약이 될 수는 없습니다."

이건 단순한 회의 에피소드가 아니다. 혹시 "나는 원래 이런 사람이야"라는 말을 습관처럼 하면서 스스로의 가능성을 축소하고 있지는 않은지 돌아볼 필요가 있다. 이 말은 언뜻 자기 성향을 설명하는 것 같지만, 실제로는 자신의 능력과 가능성을 제한하는 발언일 수 있다. 예전에 내가 입사했던 회사는 음악 플랫폼 사업을 주력으로 하고 있었다. 면접장에 함께 있던 많은 지원자들이 "음악을 좋아한다"를 지원 동기로 언급했다. 그때 면접을 보시던 대표님이 하신 말씀이 아직도 기억난다. "생선을 싫어해도 생선 장사를 잘할 수 있다. 비즈니스 마인드로 일하는 것이 중요한 것이지 개인적인 성향이 중요한 것이 아니다." 맞는 말이다. 내성적이어도 영업을 잘하는 사람, 혼자 있는 걸 좋아해도 인사 업무를 훌륭히 해내는 사람, 평소에는 조용하지만 카메라 앞에서는 높은 텐션으로 방송하는 사람들이 세상엔 수두룩하다.

성향과 역량은 다른 문제다. 성향은 타고난 기질이고, 역량은 학습과 경험으로 키울 수 있는 기술이다. 타고난 성향이 어떻든, 새로운 기술과 접근법은 충분히 익힐 수 있다. 재미와 유머도 마찬가지다. 의외성 있는 전개, 타이밍을 살린 구성, 공감 포인트를 뽑아내는 감각은 관찰과 훈련으로 얼마든지 개발 가능하다. 문제는 많은 사람이 이 구분을 하지 않고, 성향을 역량 부족의 이유로 삼는 순간 스스로 업무의 범위를 제한해 버린다는 것이다.

여기서 멈추지 않는다. 업무에서 제한을 두는 습관은 서서히 인생의 폭까지 줄인다. 성향·성격·기질 등을 이유로 변화를 시도하지 않으면, 새로운 사람을 만날 기회가 줄고, 새로운 경험 속에서 얻을 수 있었던 깨달음과 성취도 사라진다. 자기 효능감을 맛보는 순간들도 드물어지고, 인생을 사는 재미와 흥미도 떨어진다.

또한 "나는 원래 이런 사람이야"라는 말은 때로 자신의 미성숙한 부분, 예를 들어 인성과 태도, 소통 문제 등을 개선하지 않는 근거로 악용되기도 한다. 성숙해지기를 거부하는 사람에게는 서서히 거리를 두게 된다. 그들과는 솔직한 대화, 깊은 이야기를 나누지 않게 되고, 결국 등을 돌릴 수밖에 없다. 인간관계의 폭도, 깊이도 줄어든다.

결국 "나는 원래 이런 사람이야"라는 말은 직장 안팎에서 나를 한정된 세계에 가두는 말이 된다.

그래서 사고의 기조를 바꿔야 한다. 자신의 성향을 리스크나 제약이 아니라, 새로운 업무를 대할 때에도 언젠가는 도움이 될 수 있는 자산으로 봐야 한다. 예를 들어 '나는 진지하다'라는 성향은 제약이 아니라 메시지의 무게감과 설득력을 높이는 강점이 될 수 있다. 여기에 기획된 유머 포인트를 얹는 건 기술로 충분히 보완 가능하다. 웃기는 콘텐츠를 잘 만드는 사람들의 작업 과정을 분석하고, 그 구조를 흉내 내보는 것도 방법이다. 완벽하지 않아도 된다. 작은 실험을 반복하며 피드백을 받아 개선하면 된다.

또 하나의 예를 들어 보자. 평소 말수가 적고 회의에서 발언을 잘 하지 않는 사람이 있다고 하자. 이런 성향을 이유로 발표나 진행 역할을 피한다면, 그는 해당 역량을 기를 기회를 스스로 버리는 셈이다. 그러나 같은 성향을 '나는 말을 아끼는 만큼 인사이트를 뽑아내는 능력이 있고 핵심을 정리하는 능력이 있다'라는 강점으로 해석하면 이야기가 달라진다. 자료 준비를 철저히 하고, 발언을 짧고 임팩트 있게 구성하면 오히려 신뢰를 주는 발표자가 될 수 있다. 처음엔 어색해도, 준비와 시도를 반복하면 '말이 적어서 발표를 못 하는 사람'에서 '짧고 강한 메시지를 전하는 사람'으로 변할 수 있다.

"나는 원래 이런 사람이야"라는 말이 입에 붙으면, 자신이 발전할 수 있는 기회와 가능성을 스스로 차단하는 셈이다. 성향은 역량을 제한하는 족쇄가 아니라, 역량을 확장하는 출발점이어야 한다. 내 성향이 무엇이든, 시도할 수 있는 범위는 결국 내가 정하는 것이다.

"나는 원래 이런 사람이야"라는 말이, 나를 가두는 가장 좁은 울타리다.

오늘 하루 "나는 원래 이런 사람이야"라는 말을 의식적으로 하지 말아 보자. 대신 성향을 한계로 규정하지 말고, 강점으로 전환해 활용할 방법을 찾아보자. 작은 영역에서라도 새로운 시도와 실험을 하며 역량을 넓혀가자. 성향은 핑계가 아니라 성장의 출발점임을 기억하자.

04

인정 욕구의 역설:
인정을 갈망할수록, 인정받지 못한다

인정받지 못할 것 같은 불안을 다스리는 방법을 제안한다

조직 안에서 자주 보이는 모습이 있다. 회의 자리에서 자신의 의견이 채택되지 않으면 불편한 기색을 내비치기도 하고, 팀 전체 피드백 시간에 자기가 맡은 파트는 문제가 없었다고 꼭 한마디 덧붙이기도 한다. 리더가 다른 팀원을 칭찬할 때 자기 이름이 빠지면 금세 표정이 어두워지기도 하고, 프로젝트가 잘 끝나면 "그때 제가 밀어붙여서 된 거예요"라는 말을 슬쩍 흘리기도 한다. 공식적인 역할이 주어지지 않으면 "그럼 저는 빠질게요"라며 의욕이 확 꺾이는 모습을 보이기도 한다.

이런 행동들은 대부분 '나도 인정받고 싶다'라는 마음에서 나온다. 내가 뭘 했는지 알아줬으면 하고, 내가 이 팀에서 중요한 사람이라는 걸 인정받고 싶은 것이다. 이런 마음은 누구에게나 있다. 하지만 그 마음이 너무 강하면, 사람들과의 관계에 문제가 생기기 시작한다.

인정받고 싶은 욕심이 크면, 나도 모르게 '내가 중심이 되어야 할 이유'를 찾는다. 내 이름이 빠지면 서운하고, 누가 칭찬을 받으면 괜히 비교하게 되고, 회의에서 내 의견이 무시당한 것 같으면 기분이 상한다. 이렇게 되면 팀의 흐름이나 공동 목표보다 내 감정과 자존심이 더 중요해지면서, 리더나 동료들에게 서운한 생각이 들고, 불평과 불만이 많아진다. 갈등이 잦아지며 자연스럽게 사람들과 멀어진다.

안타깝게도, 인정을 갈구하는 사람일수록 오히려 인정받지 못하게 되는 경우가 많다. 사람들은 보통 지나치게 자기 자랑을 하거나, 자꾸 자기 존재를 드러내려는 사람에게 본능적인 피로감을 느끼기 때문이다. 반대로, 묵묵히 필요한 일을 해 주는 사람, 말을 많이 하지 않아도 책임감 있게 움직이는 사람에게는 신뢰를 느낀다. 그래서 결국, 인정을 가장 바라는 사람이, 오히려 인정받지 못하는 모순적인 상황이 반복되는 것이다.

그렇다고 해서 자기 어필을 하지 말고 무조건 조용히 있으라는 것은 아니다. 자신이 한 일을 말하는 건 필요하다. 단지 맥락과 방법이 중요한 것이다. 예를 들어, 인사 고과 평가를 위한 성과를 정리할 때는 자신의 기여를 분명하고 정확하게 적어야 한다. 상위 리더와 1:1 면담을 할 때도 겸손함을 지키되, 자신이 어떤 일을 했고 어떤 결과를 냈는지는 사실 그대로 이야기하는 것이 좋다. 문제는, 일상적인 회의나 팀 활동 중에 너무 자주, 너무 민감하게 자신의 기여를 강조하는 태도다. 이런 태도는 오히려 팀의 분위기를 해치고, 주변 사람들의 공감을 잃게 만든다.

결국 중요한 건 상황 판단이다. 지금은 내가 드러나야 할 자리인가? 아니면 팀을 위해 한발 물러나야 할 순간인가? 이 판단을 잘하는 사람이 진짜 성숙한 사람이다.

그렇다고 해도 인정받지 못할까 봐 불안해지는 순간은 누구에게나 온다. 그럴 때마다 생각을 바로잡을 수 있는 네 가지 방법을 제안한다.

첫째, '나는 왜 인정 못 받지?'라는 생각이 비집고 들어왔을 때 '내가 뭘 더 기여할 수 있을까?'라는 생각으로 의식적으로 전환하자. 이 질문은 시선을 '나'에서 '팀'으로 바꿔 준다. 팀에 내가 기여하고 있다면, 인정은 자연스럽게 따라오는 법이다.

둘째, 행동하자. 머릿속에서 감정을 돌리기보다, 손을 먼저 움직이자. 작은 정리, 빠른 피드백 수용, 조용하게 다른 사람을 도와주는 친절함 하나가 진짜 존재감을 만든다.

셋째, 내가 원하는 건 찰나의 칭찬이 아니라 오래가는 신뢰라는 것을 리마인드 하자. 칭찬은 듣고 나면 사라지지만, 신뢰는 쌓이면 다음 기회로 연결된다.

넷째, "남에게 대접을 받고자 하는 대로 너희도 남을 대접하라(눅 6:31)" 이 성경 구절을 깊이 생각해 보자. 신앙의 유무를 떠나 '나 자신이 지금 대접을 받으려는 마음이지는 않는지' 진단해 보는 것이 내 마음의 방향을 정리해 주기 때문이다. 받으려는 태도는 마음을 옹졸하게 만들고, 주려는 태도는 여유를 만든다. 주려는 마음으로 행동하면 결국 사람들은 그 사람을 중심으로 모이게 되어 있다.

이런 질문을 꾸준히 던지고, 그에 따라 행동하는 사람이 결국 진짜 존재감을 가진 사람이 된다. 존재감은 말로 드러내려 할수록 사라지고, 행동으로 쌓을수록 뚜렷해진다. 맡은 일은 책임감 있게 끝까지 해내고, 내 일이 아니더라도 팀에 빈틈이 보였을 때 조용히 메워 주는 사람, 칭찬을 받는 순간에 공을 독차지하지 않고 겸손하게 팀 전체의 성과로 돌릴 줄 아는 사람. 그런 사람은 말을 많이 하지 않아도, 모두가 주목하게 된다. 결국 팀과 조직은, 조용히 움직이지만 확실하게 기여하는 사람에게 더 큰 기회를 맡긴다.

오늘 하루 '왜 나를 안 알아주지?'라는 생각이 떠오르면 '내가 팀에 더 기여할 수 있는 게 무엇일까?'로 바꿔 보자. 작은 정리, 빠른 피드백 반영, 동료를 돕는 행동 하나가 말보다 큰 존재감을 만든다. 순간의 칭찬보다 오래가는 신뢰를 목표로 삼고, 받으려는 태도 대신 주려는 태도를 선택해 보자. 그렇게 쌓인 행동이 결국 가장 확실한 인정이 된다.

05

후회와 자책이 시간 낭비인 이유

과거를 곱씹는 대신, 인정과 책임으로 성장하라

"그때 왜 그랬을까."
"아, 진짜 나만 아니었어도 이 일은 잘됐을 텐데."
"내가 너무 바보였어."
"다시는 이런 실수 안 할 거야."

후회나 자책을 자주 하는 사람들은 이런 말을 반복한다. 하지만 이런 말은 현재에 집중하고 충실히 살아가는 데 전혀 도움이 되지 않는다. 후회는 이미 지나간 일을 붙잡고, 자책은 자기 자신을 공격한다. 그래서 아무리 많이 되뇌어도 상황은 달라지지 않는다.

이 글에서는, 후회와 자책을 반복하는 대신 과오를 인정하고 책임지는 태도로 전환하는 방법을 이야기하려 한다.

우리가 "후회 안 해야지", "더 이상 자책 안 해야지" 다짐한다고 해서 그 부정적인 생각이 사라지는 것은 아니다. 오히려 '안 해야지'라는 생각이 후회와 자책을 더 강하게 의식하게 만든다. 이 감정을 근본적으로 벗어나는 길은 '인정과 책임'이다.

후회는 누구나 한다. 업무에서 중요한 이메일을 실수로 누락했을 때, 회의 자리에서 상사의 질문에 제대로 답하지 못했을 때, 팀원에게 한 말이 의도치 않게 상처가 되었을 때. 우리는 돌아보며 "그때 왜 그랬을까"를 되뇌며 후회한다.

하지만 그 질문이 문제를 해결해 주지는 않는다. 후회가 깊어질수록 자책으로 이어지고, 자책은 무기력함과 자괴감을 낳는다. 그 감정은 현재의 나를 붙잡고 앞으로 나아가지 못하게 한다.

즉, 후회와 자책의 감정에 오래 머무는 것은 나 자신에게도, 나로 인해 상처받은 사람들에게도 아무런 이득이 없다. 과거를 곱씹는 대신, 지금 내가 할 수 있는 행동에 집중해야 한다.

예를 들어, 재고 관리에서 실수해서 손해를 냈다면 그 책임을 회피하기보다 직접 정리하고 다시는 같은 문제가 생기지 않게 관리 프로세스를 점검해야 한다. 사적인 관계에서도 마찬가지다. 무심코 던진 말로 친구나 가족에게 상처를 줬다면 단순히 "그때 미안했어"에서 멈추지 말고 앞으로의 말 습관을 바꾸려는 노력이 따라야 한다.

이 변화는 두 가지 단계로 이뤄진다.

첫째, 자신의 과오를 명확히 인정하고 반성하는 것이다. 타인에게 피해를 주었다면 진정성 있게 사과해야 한다. 그리고 객관적으로 왜 그런 일이 발생했는지를 분석해야 한다. 많은 사람이 '자기 비난'이라는 감정에 머물러 정작 '문제의 원인 파악과 개선'에는 도달하지 못하기에 '객관적인 분석'을 다시 강조해 본다. 스스로 객관화가 잘되지 않는다면, 직장 상사나 동료에게 조언을 구해도 좋고, 개인적인 문제라면 가까운 사람이나 상담 전문가의 피드백을 받아 보는 것도 좋다.

사과할 때는 주의할 점이 있다. "난 원래 이런 성격이라서", "고치려 해도 안 돼" 이런 말을 덧붙이지 말자. 이는 은근한 자기 합리화로 여겨질 수 있어 사과의 진정성을 무너뜨리고 관계 회복을 더 어렵게 만든다.

둘째, 결과에 대한 책임을 실질적으로 지는 태도다. 말로만 "다신 안 그럴게요"가 아니라 같은 일이 반복되지 않도록 구체적인 계획을 세우고 실행에 옮겨야 한다. 예를 들어, 말실수로 팀 분위기를 망치는 일이 자꾸 반복된다면 당시의 상황과 자신이 했던 발언을 기록해 두고, 다음에 같은 상황이 또 닥친다면, '그때는 이렇게 발언해 보자' 등을 정리해 본다. 그리고 소통, 대화, 사내 커뮤니케이션 관련 도서나 교육을 찾아보는 등의 시도도 좋다. 이런 작은 실천들이 쌓여야 신뢰가 회복된다.

잘못은 누구에게나 생긴다. 하지만 그 잘못을 대하는 태도는 사람마다 다르다. 어떤 사람은 후회 속에 멈추고, 어떤 사람은 책임을 지며 성장한다. 우리에게 필요한 것은 후자의 태도다. 진심으로 반성하고, 책임을 지며, 같은 실수를 반복하지 않으려는 꾸준한 노력. 그것이 결국 자신에 대한 존중을 지키는 길이다.

후회와 자책은 자연스러운 감정이다. 하지만 그 감정에 오래 머무는 것은 시간 낭비다. 책임지는 태도, 그리고 성장을 향한 실천만이 그 감정을 이겨 내는 가장 현실적이고 건강한 방법이다.

후회보다 복기에 집중해야 한다. 감정적 후회는 아무 변화도 만들지 못한다. 오늘의 실수를 분석하고 같은 일이 반복되지 않도록 구체적인 개선안을 세워 보자. 사과가 끝이 아니라, 행동의 변화가 신뢰 회복의 출발점임을 기억하자. 후회로 시간을 쓰지 말고, 책임과 개선으로 내일을 설계하는 하루를 보내자.

06

최선을 다했다는 말,
언제부터 이렇게 가벼워졌을까

진짜 최선은 결과보다 태도에서 드러난다

큰아이가 사춘기를 겪을 때의 일이다. 기말고사를 앞두고 있던 아이는 역사 과목을 외우고 있었는데, 그 자세부터가 영 마뜩잖았다. 침대에 엎드려 교과서를 뚫어져라 쳐다보고 있었고, 한쪽 분량을 외우는 데에도 한참이 걸렸다. 아이가 외웠다는 내용을 테스트해 보면 여지없이 틀리기 일쑤였다.

나는 조심스럽게 조언을 건넸다. "그냥 눈으로 보기만 해서는 기억에 잘 안 남아. 써 보기도 하고, 말로 설명하면서 외워 보는 것도 좋은 방법이야. 누가 앞에 있다고 생각하고 설명하듯이 외워 봐. 네가 잘 외울 수 있는 방식을 하나 찾아보면 좋겠어."

아이에게 네다섯 번은 조심스럽게 이야기했지만, 아이는 요지부동이었다. 여전히 침대에 엎드린 채 책만 뚫어지게 보면서, 마치 그 자세만으로 모든 게 해결되길 바라는 듯했다. 결국 다시 테스트했지만, 결과는 달라지지 않았다. 나는 다시 외워 오라고 했고, 그때 아이는 갑자기 울음을 터뜨렸다.

"저는 최선을 다했다고요! 최선을 다해도 안 외워지는 걸 어떡해요!"

아이의 목소리는 억울함으로 가득 차 있었고, 눈에서는 눈물이 뚝뚝 떨어졌다. 그 순간, 나는 아이에게 분명히 짚어줘야겠다는 생각이 들었다. 단호하게 말했다.

"최선을 다했다는 말을 그렇게 쉽게 하지 마. 엄마가 방법을 알려줬는데도 너는 시도조차 하지 않았잖아. 네 방식만 고집했지. 바꾸려는 시도도 안 해놓고, 안 된다고 말하는 건 최선이 아니야."

아이의 얼굴엔 억울함과 분노, 혼란이 뒤섞여 있었다. 아이는 화장실에 들어가 한참 울더니, 마음을 정리한 듯 조용히 나왔다. 그러더니 이번에는 책상에 앉아 펜을 들고, 교과서 내용을 손으로 써 가며 외우기 시작했다. 혼잣말처럼 내용을 말하기도 했고, 누군가에게 설명하듯 중얼거리며 외우기도 했다.

놀라운 일이 벌어졌다. 단 30분 만에 6쪽 분량을 외웠고, 내가 테스트를 해 보니 아까와는 완전히 달랐다. 단순히 암기만 한 게 아니라 내용을 이해하고 연결해서 설명할 수 있는 상태였다. 정확도는 높았고, 설명의 흐름도 좋았다. 나는 감탄을 감출 수 없었다.

그날 나는 다시금 깨달았다. 우리는 "최선을 다했다"라는 말을 얼마나 가볍게 사용하는가. 누군가는 말한다. "내 기준에선 정말 열심히 했어요." 예를 들어, 평소 9시간씩 자던 학생이 시험 기간에는 7시간만 자며 공부했다고 해 보자. 그 학생 입장에선 최선을 다한 것처럼 느껴질 수 있다. 하지만 하루에 4~5시간 자며 버텨 내는 수험생들 앞에서는, 그것이 정말 최선이라고 할 수 있을까?

최선이라는 말은 상대적이다. 사람마다 체력과 집중력이 다르고, 속도와 상황도 다르다. 하지만 그렇다고 해서, 최선의 기준이 완전히 개인의 감각에만 맡겨져도 되는 것인가에 대해서는 생각해 볼 필요가 있다. 최선은 단순한 노력의 총량이 아니라, 상황을 직면하는 태도와 접근 방식까지 포함된 개념이기 때문이다.

내가 진심으로 좋은 결과를 원했다면, 결과가 나오지 않을 때 방법을 바꾸려는 시도를 했는가? 주변의 조언을 수용하려고 마음을 열었는가? 뭔가 안 맞는 느낌이 들었을 때, 고집을 꺾고 다른 가능성을 실험해 보았는가?

만약, '최선을 다했다'라는 말을 쉽게 자주 뱉은 적이 있다면, 사실은 아직 해 보지 않은 방식이 있을 수 있다. 우리는 감정적으로 지쳤다는 이유로, 혹은 내 방식이 틀렸다는 걸 인정하고 싶지 않아서, 너무 쉽게 "난 최선을 다했어"라고 말한다. 하지만 진짜 최선을 다한 사람은 그 말을 자주 하지 않는다. 왜냐하면 그만큼 스스로 생각하는 '최선의 기준'이 높기 때문이다.

결국 '최선'이란, 결과와 상관없이 내가 시도할 수 있는 모든 방식과 태도를 점검해 본 후에야 꺼낼 수 있는 말이어야 한다. 그렇지 않으면, 그 말은 단지 자기 위로에 그치고 만다.

우리는 이제 묻고 답해야 한다. 정말로, 나는 할 수 있는 모든 것을 해 봤는가?

내 고집 말고, 더 나은 방법을 찾아보려는 유연함이 있었는가?

내가 아닌 다른 사람의 눈에도, 내가 한 노력이 최선처럼 보였는가?

이 질문들 앞에 정직하게 설 수 있을 때, 우리는 감히 이렇게 말할 수 있다.

"나는, 정말 최선을 다했습니다."

오늘 내가 무언가에 "최선을 다했다"라고 말하고 싶을 때 먼저 스스로에게 질문해 보자. 다른 방법을 시도해 보았는가? 주변의 조언을 열린 마음으로 수용했는가? 내 노력은 내 눈뿐 아니라 남의 눈에도 '최선'처럼 보일 만큼 진지했는가? 이 질문 앞에 정직할 때 비로소 최선이라는 말은 자기 위로가 아니라, 진짜 성실의 증거가 된다.

07

당연한 게 아니라 감사한 거다

고마운 줄 아는 사람이 결국 기회를 얻는다

이 세상에 당연한 건 없다. 부모가 있는 것도, 부모가 다정한 것도, 누군가가 나를 챙겨 주는 것도 결코 당연하지 않다. 혹시 누군가의 수고와 배려를 마치 당연한 것처럼 여긴 적은 없는가? "부모니까 돌봐야지", "팀장이니까 챙겨야지", "친한 친구니까 이해해 줘야지" 이렇게 생각하는 순간, 상대방의 마음과 노력은 당연시되며 금세 무시되기 쉽다. 하지만 책임이 있다고 해서 그 사람이 들인 땀과 정성까지 자동으로 따라오는 건 아니다. 세상에 존재하는 무책임한 부모, 이기적인 리더, 자기중심적인 친구들을 떠올려보면 금방 이해될 것이다.

누군가가 내게 시간을 내 주고, 나를 위해 마음을 써 준다면, 그것은 엄연한 '선물'이다. 설령 그 사람이 부모여도, 스승이어도, 상사여도, 친구여도 마찬가지다. 그 마음이 당연하지 않다고 느낄 줄 아는 사람이 감사할 줄 아는 사람이고, 그런 사람이 결국 관계를 지키고, 기회를 얻는다.

한대협 프로젝트 활동을 마무리하며 70여 명의 대학생들에게 롤링 페이퍼를 받았다. 아이들은 여러 명에게 편지를 써야 했을 텐데, 나까지 챙겨준 그 마음이 참 고마웠다. 그중 특히 기억에 남는 말들이 있다. "제 이름을 기억해 주셔서 감사했어요" "제 메시지에 정성껏 답장해 주셔서 감동이었어요" 약 두 달 동안 70여 명의 학생들이 3회에 걸쳐 내게 개인적인 메시지를 보냈고 나는 그 하나하나를 읽고 각자의 상황에 맞게 답장을 남겼다. 시간과 에너지가 꽤 많이 들어가는 일이었지만, 아이들은 그 수고를 놓치지 않고 알아주었다. 작은 행동 하나에도 진심으로 고마워하는 그 마음이, 오히려 나를 감동시켰다. 나 역시 아이들에게 마음 깊이 감사했다.

아이들의 메시지를 읽으며 다시 한번 느꼈다. 이름을 기억해 준 것을 당연하게 여기지 않는 겸손함, 메시지에 답장을 받은 것을 고마워하는 겸손함. 결국 감사는 겸손에서 시작된다는 사실이다. 감사할 줄 아는 사람은 "이건 내가 받아 마땅한 거야"라는 생각으로 살아가지 않는다. 누군가의 배려와 친절을 자신을 위한 특별한 선물처럼 여긴다. 그 마음이 바로 겸손의 출발점이다. 반대로, 자존심이 센 사람은 '감사합니다'라는 말을 쉽게 하지 못한다. 고마움을 표현하는 순간 자신이 '지는' 것처럼 느껴지기 때문이다. 또 자기 연민에 빠진 사람은 "나는 지금 힘드니까 이 정도는 당연히 받아야 해"라며 타인의 배려를 가볍게 여긴다. 하지만 자존감이 건강한 사람은 다르다. 자신이 받은 도움의 크기를 정확히 알고, 그에 대해 기꺼이 감사를 표현할 줄 안다. 이것이 감사가 단순한 예의가 아니라, 성숙함의 증거인 이유다.

감사는 실력보다 오래가는 힘이다. 조직 안에서도 감사의 태도는 눈에 띈다. 비슷한 실력을 가진 두 사람이 있다면, 사람들은 감사를 잘 표현하는 사람과 일하고 싶어 한다. "감사합니다", "덕분에 잘 마무리할 수 있었어요" 같은 말을 자주 하는 사람은 대체로 상대방을 존중하고, 팀 분위기를 긍정적으로 만든다. 사람은 감정이 좋았던 순간을 오래 기억한다. 그리고 함께할 사람을 고를 땐, 결국 '능력'보다 '감정'을 기준으로 선택한다. 그렇기 때문에 감사할 줄 아는 태도는 조직 안에서 중요한 경쟁력이 된다.

결국, 감사하는 사람이 기회를 얻는다. 감사는 눈에 보이지 않는 신뢰를 만든다. 신뢰는 더 큰 기회로 이어지고, 그 기회는 인생의 방향을 바꾸기도 한다. 감사를 아끼지 마라. 작고 사소한 일에도 고마운 줄 아는 사람이 결국 선택받는다. 당연한 게 아니라 감사한 것이라는 걸 아는 사람만이, 사람을 얻고, 기회를 얻는다.

08

시행착오 마스터가 되는 것을
목표로 해 보자

단단함은 시행착오 위에 세워진다 (feat. 시행착오를 줄이는 법)

누군가에게 영감을 주는 사람은 어떤 사람일까. 엄청난 성공을 거둔 사람, 혹은 타고난 재능으로 눈에 띄는 성과를 만든 사람을 우리는 쉽게 떠올린다. 하지만 나는 생각이 다르다. 오히려 반복되는 실패 속에서도 꿋꿋하게 자기 자리를 지켜 온 사람, 확신이 없는 순간에도 포기하지 않고 하루하루를 견뎌온 사람, 그저 '멈추지 않았던 사람'이야말로 누군가에게 더 깊은 영감을 준다고 믿는다.

나는 '리더십마스터'라는 타이틀이 무색하게도 지난 20여 년간 리더십의 성공과 실패를 반복해 왔다. 멋지게 포장된 성공담보다 방향을 찾지 못해 방황했던 시간, 쏟아부은 노력만큼 결과가 따라주지 않았던 경험들, 지쳐 무릎 꿇고 싶었던 날들이 지금의 나를 만들었다.

한대협 초창기에는 '사람을 모으는 것' 자체가 큰 숙제였다. 지도교수님의 유명 강의를 활용한 공개 세미나를 기획해 보기도 하고, 실제 회사처럼 마케팅·인사·기획 부서를 구성해서 조직의 구조를 갖춰 보기도 했다. 또 방학마다 집중 스피치 훈련 프로그램을 운영해 보기도 하고 재미를 추구한 게임형 프로젝트, 자기 계발 콘셉트의 프로그램, 취업 준비에 맞춘 실전형 프로젝트 등 다양한 형식을 시도해 보았다. 그야말로 시행착오의 연속이었다. 매번 새롭게 기획하고, 반응을 살피고, 다시 수정하고, 어느 때는 실패를 담담히 받아들여야 했다. 그렇게 수많은 실험과 수정 끝에 지금의 체계가 자리 잡게 되었다. 현재는 팀워크와 실무역량을 함께 기를 수 있는 프로젝트로 인스타/숏폼/블로그 마케팅, 영업 MD, 인사 HR, 기부 펀딩 프로젝트 등의 형태로 운영되고 있다.

하지만 프로그램이 자리를 잡았다고 해서 운영이 쉬웠던 것은 아니다. 한대협은 어떤 학교나 기관에도 소속되지 않은 독립 조직이기 때문에 매번 새로운 회원을 유치해야 했고, 그 회원들을 교육하고 이끌 리더를 세워야 했다. '실무진'이라는 개념조차 없던 시절, 나는 그 안에서 처음으로 실무 역할을 감당한 사람으로 시작했다. 대학생들끼리 자율적으로 운영되던 한대협이라는 조직에서, 장기적으로 조직을 관리하고 유지할 책임을 가진 실무진이 처음 등장한 사례가 바로 나였다. 조직을 안정적으로 운영하고자 한다면 단순히 학생들만으로는 안 된다는 자각이 생겼고, 이를 실천으로 옮기기 위해 부단히 노력했다.

매주 주말마다 교육과 멘토링을 진행하고, 평일에도 온오프라인으로 대학생들을 코칭하며, 사람을 채우고 지키고 성장시키는 일을 반복했다. 함께 시작한 사람들이 중간에 떠나는 일은 흔했고, 고된 일정에 지쳐 연락이 끊기기도 했다. 나와 같은 마음으로 움직이는 핵심 리더들을 양성하기까지 시간이 참 오래 걸렸다. 실무진 리더 10여 명이 생기기까지는 6년이 걸렸고, 지금(2025년 기준)의 40여 명의 실무진 리더들이 자리 잡기까지는 약

18년이라는 세월이 흘렀다.

돌이켜 보면 시행착오를 줄일 수 있는 방법도 분명 있었다. 물론 모든 사람이 같은 조건을 가진 것은 아니지만, 만약 내게 우리 조직의 상황에 맞게 조직 운영이나 HR과 관련해 구체적인 방법을 알려 주고 피드백을 주는 코치가 있었다면, 시행착오의 폭은 줄어들 수 있었을 것이다. 나에게는 삶의 태도를 교정해 주고 비전을 제시해 주는 멘토는 있었지만, 구체적인 운영 방식에 대해 세밀하게 조언해 줄 코치는 없었다. 그래서 나의 많은 결정은 직접 실험해 보며 얻은 결과였다.

이런 20여 년의 시행착오가 누적되어 2030세대에게 방향성을 제시할 수 있게 되었고 조직을 운영하고 리더를 양성하는 지혜가 생겼다. 지금의 한대협은 체계적인 시스템이 되었고 한대협 학생들은 실무진 멘토와 코치들의 구체적인 가이드 속에 열심히 미래를 준비하고 있다.
20대의 나는 누릴 수 없었던 자세하고 현실적인 피드백을 받는 대학생들을 보며 가끔은 부럽다는 생각도 든다.

그리고 만약 내가 조직 운영과 관련된 경험을 더 일찍 글로 정리하고 공유하며 '자기 객관화'하는 시간을 가졌더라면, 시행착오 속에서 조금 더 빠르게 배우고 성장할 수도 있었을 것이다. 기록은 성찰의 가속페달이라는 말이 있다. 나는 그 의미를 뒤늦게 깨닫고 있지만, 지금이라도 그것이 다음 세대에게 도움이 되길 바란다.

결국, 한 조직을 세우는 데 필요한 건 탁월한 전략이나 화려한 아이디어가 아니라, 수많은 시행착오를 견디며 기준을 세우는 힘이었다. 언제는 참 잘 되는 것 같다가도, 어떤 시기에는 왜 이렇게 힘든 일만 벌어지는지 모르겠다는 생각이 들었다. 내가 틀렸나, 이 길이 맞긴 한 건가, 수없이 스스로를 의심하고 돌아보아야 했다. 하지만 그 시간을 버텨낸 덕분에 나는 배웠다. 어떤 기준을 붙들어야 할지, 무엇을 놓치지 말아야 할지, 어떤 말은 삼켜야 하고 어떤 순간에는 리더가 앞장서서 말해야 한다는 것을. 조직을 운영하며 생긴 인사이트는 단지 일 잘하는 기술이 아니라, 사람을 바라보는 시선과 나 자신을 다루는 방법이었다. 타인을 이해하는 감각, 나를 객관화하는 눈, 그리고 한계를 인정하면서도 기준을 고수하는 힘이 거기서 만들어졌다.

이제는 그 모든 경험을 바탕으로 글을 쓰고, 강의를 한다. 내 이야기를 듣는 학생들은 "사람다운 사람이 되어 가는 느낌이에요", "삶을 바라보는 틀이 교정됐어요", "부모님도 꺾지 못하던 고집을 제가 스스로 꺾었어요"라는 피드백을 남기곤 한다. 그럴 때마다 마음이 뭉클해진다. 사람은 완벽해서 영감을 주는 게 아니라, 불완전함을 통과해 살아낸 흔적으로 누군가의 마음을 움직인다는 것을 다시 깨닫게 된다.

나는 지금도 시행착오를 겪고 있다. 여전히 판단을 망설이고, 어떤 날은 방향을 잃고 헤매기도 한다. 하지만 예전처럼 두렵진 않다. 왜냐하면 나는 안다. 시행착오 끝에 결국 단단한 한 사람이 남는다는 것을. 그 단단함이 누군가에게는 깊은 울림이 되고, 아주 작은 용기가 되어줄 수 있다는 것을.

오늘 하루 시행착오를 두려워하지 말자. 실패를 피하려 애쓰기보다 그 경험 속에서 배우고 기록해 두는 것이 더 큰 성장으로 이어진다. 기록은 성찰의 가속페달이 되고, 반복된 시행착오는 단단한 기준을 세우는 힘이 된다. 완벽이 아니라 버팀과 축적이 결국 나를 전문가로 만든다는 사실을 기억하자.

09

기죽으면 끝, 기세가 답이다

남의 말보다 내 의지가 성장 여부를 결정한다

"비키니는 몸매가 되어야만 입는 것이 아니다. 비키니는 기세다"라는 말이 한동안 화제가 되었다. 이 말은 사실 모든 도전의 순간에 필요하다.

매주 성악 수업을 들으며 기세의 중요성을 절실히 느낀다. 선생님께 지적받을까 봐, 다른 회원들이 자기 목소리를 듣는 게 부담스러워서 자기 목소리를 내는 걸 두려워하면 교정을 받을 수 없다. 성장의 기회는 과감하게 목소리를 낼 때 찾아온다. 수영을 배울 때도 마찬가지다. 처음 영법이나 스타트, 턴을 배울 때 실수를 두려워하며 소극적으로 시도하면 실력이 늘지 않는다. '에라 모르겠다'라는 마음으로 과감히 시도해야 한다. 나도 한 번은 스타트 강습 중에 배치기를 너무 세게 했을 때 옆 라인 사람들까지 웅성 델 정도였다. 그때 강사님이 장난스럽게 "괜찮아요?"라고 물으셨고, 나는 약간 민망했지만 씩씩하게 "네, 이러면서 배우는 거죠!"라고 대답했다. 모두가 쳐다보는 순간이었지만 실수를 두려워하지 않고 해내는 것, 바로 그 기세가 중요하다고 생각한다. 결국 우리는 그런 실수 속에서 성장하는 법이다.

성장하는 과정에서 항상 결과가 좋을 수는 없다. 결과가 좋지 않았을 때 부끄럽고 민망한 마음, 실수할까 봐 두려운 마음, 자기 자신에게 실망하는 마음에 지면 안 된다. 그 마음 때문에 포기하면 성장도 멈춘다. 중단하지 말고 '힘든 시간은 찰나일 뿐이다'라고 생각하자. 내가 이걸 이겨냈을 때 이루어낼 성장을 상상해 보는 것이 필요하다.

기세는 개인의 성장뿐만 아니라 조직의 성장에도 결정적인 역할을 한다. 특히 조직이 위기나 부정적 상황에 처했을 때 '해낼 수 있다, 해내고야 만다'라는 기세가 꺾이지 않아야 한다. "우리 가족은 잘될 거야", "우리 팀은 이겨낼 거야", "우리는 결국 해낼 거야" 같은 긍정적인 확신이 필요하다. 이런 기세를 형성하는 데 있어 리더의 역할이 크다는 것은 당연하다. 하지만 리더뿐만 아니라 그 조직의 모든 구성원이 '비전'을 향한 진심을 가지고 있을 때, 그들은 서로에게 다시 일어설 힘을 줄 수 있다.

아무리 훌륭한 전략과 비전을 가지고 시작한 사업이라도, 그 팀의 기세가 꺾여 있다면 성공은 어렵다. 마찬가지로, 아무리 비싼 학원과 과외를 시켜도 그 학생의 기세가 꺾여 있다면 학습 효과는 없다. 주변 사람이나 팀, 혹은 자신이 성장하지 못하고 정체되어 있다면, 먼저 기세를 점검해 보아야 한다. 기세가 꺾여 있다면 성장 이전에 삶을 의욕적으로 살아가려는 의지부터 되살리는 것이 중요하다.

문제는 우리가 기세를 내고 싶어도 그것을 꺾는 요인들이 늘 있다는 것이다. 가장 흔한 것은 주변 사람들의 말이다. "넌 아직 준비가 안 됐어", "괜히 나섰다가 망신만 당하지 않겠어?" 이런 말들은 순간적으로 마음을 움츠러들게 한다. 하지만 이런 말 앞에서는 마음속으로 단호히 되뇌어야 한다.

“그건 네 생각이고, 나는 내 길을 간다.”

또 하나의 요인은 기대 이하의 결과다. 시험 점수가 떨어지거나 프로젝트 성과가 미흡하면 금세 기세가 꺾이기 쉽다. 그러나 결과는 과정 중 하나일 뿐이다. 실패라 이름 붙이는 순간에도 사실은 다음을 위한 데이터가 쌓이고 있다. 그러니 결과가 만족스럽지 않을 때는 “이건 끝이 아니라, 더 나아지기 위한 기록일 뿐이다”라고 해석해야 한다.

마지막으로 큰 영향을 주는 것은 평가에 대한 두려움이다. “혹시 내가 무능해 보이면 어쩌지?”라는 생각은 새로운 시도를 가로막는다. 그러나 평가 점수는 순간에 불과하고, 진짜 중요한 것은 그 과정을 통해 쌓이는 성장 점수다. 무엇보다 기억해야 할 점은, 사람들은 생각보다 나에게 큰 관심이 없다는 사실이다. 내가 크게 실수한 것처럼 느껴져도, 사실 대부분은 “오늘 점심 뭐 먹지?”에 더 관심이 많다. 잠깐의 실수나 부족한 모습은 금세 잊힌다. 그러니 불안이 몰려올 때마다 이렇게 다짐해 보자. “나는 지금 점수가 아니라 성장을 쌓고 있다. 그리고 남들은 내 실수보다 자기 일에 훨씬 더 바쁘다.”

결국, 성장을 이끄는 힘은 완벽한 준비가 아니라 흔들림 속에서도 해내고야 말겠다는 기세다. 기세가 살아 있는 한, 실수는 발판이 되고 실패는 자산이 된다. 그러니 위축되지 말고 당당히 도전하라. 멈추지 않는 그 기세가 당신을 성장으로 이끌 것이다.

<u>오늘의 1% 실천 포인트</u>

오늘 하루 남의 말에 기죽지 말고 내 기세를 지켜보자. 기대 이하의 결과가 나와도 그것을 실패가 아닌 데이터로 받아들이자. 평가의 순간에 위축되기보다 '사람들은 생각보다 내게 관심 없다'라는 사실을 떠올리며 가볍게 넘기자. 완벽보다 중요한 건 꺾이지 않는 기세, 오늘도 그 기세로 성장하자.

10

한 사람의 평가가 당신의 전부는 아니다

평판의 주도권을 남에게 넘기지 마라

한대협은 수없이 세워지고 무너짐을 반복하며 자리를 잡았다. 그 과정에서 구성원이 이탈할 때마다, 나의 상사는 내 경영 능력과 리더십의 문제점을 지적했다. 공적인 자리와 사적인 자리 가릴 것 없이 피드백은 이어졌다. 처음에는 그 말이 내 노력을 전부 부정하는 것처럼 들렸다. 그동안 쏟아부은 시간과 헌신이 한순간에 무너지는 듯했다. 억울했고, 속상했고, 공개적인 피드백이 오갈 때면 자존심도 상했다. 하지만 그 감정에 오래 머물고 싶지 않았다. 그 순간들은 통제할 수 없는 영역이었고, 피할 수 없다면 어떻게든 건강하게 소화하고 싶었다.

어느 시점부터 나는 피드백을 '절대적 평가'가 아니라 '한 사람의 의견'으로 보기 시작했다. 시간이 지나면서 그 말들 뒤에 깔린 감정과 의도도 읽히기 시작했다. 그 피드백에는 종종 '불안과 책임감'이 함께 섞여 있었다.

피드백은 젠틀한 방식으로만 오지 않는다. 때로는 거칠고, 냉정하며, 공개적이기까지 하다. 하지만 중요한 건, 그 말이 우리의 인생 전체를 규정하지는 않는다는 것이다. 상사는 지금의 '출제자'일 뿐, 인생이라는 '종합 성적표'를 매기는 심사위원은 아니다. 그가 지금 0점을 줬다고 해도, 그건 단지 한 시점의 임시 점수일 뿐이다. 인생은 단답형이 아니라 서술형 장기전이다. 한 과목의 점수가 전체 평균을 결정하지 않는다.

회사의 평가 또는 한 사람의 평가는 결국 한 단면에 불과하다. 우리의 성실함, 회복탄력성, 태도, 관계, 꾸준함은 시간이 지날수록 반드시 사람들의 기억 속에 쌓인다. 사람들은 생각보다 단편적으로 판단하지 않는다. 평판은 한 사람의 말이 아니라 여러 경험이 겹쳐 형성되기 때문이다. 그렇기에 누군가에게는 혹평을 받을 수 있어도, 동시에 다른 누군가에게는 신뢰의 대상이 되고 있을 수 있다.

결국 평판은 한 사람의 시선이 아니라, 여러 시선이 오랜 시간 겹쳐 만들어지는 복합적이고 입체적인 결과물이다. 따라서 지금 들은 한 문장의 평가에 자신을 가두지 말자. 그건 인생 전체 중 한 문장에 불과하다.

그리고 한 가지 더 기억하자. 만약 당신이 실력, 관계, 인성 측면에서 이미 충분히 신뢰를 주고 있다면, 당신을 부정적으로 평가하는 리더가 빌런일 가능성이 높다. 좋은 사람을 나쁘게 평가하는 건 그 사람의 왜곡된 시선일 뿐, 당신의 문제는 아닐 수 있다.

그런 상황이라면, 주변의 현명한 선배나 동료들이 이미 그 분위기를 감지했을 것이다. 당신이 신뢰받는 사람이라면 먼저 이직한 선배가 다음 기회를 연결해 줄 확률이 높다. 검증된 사람은 결국 새로운 조직, 프로젝트, 추천을 통해 다시 한번 성장할 발판을 얻게 된다.

아직 그 단계가 아니라면, 지금 있는 자리에서 실력·관계·인성을 꾸준히 갈고 닦자. 회사나 리더가 변덕스러울지라도 진짜 기회는 언제나 '준비된 사람'에게 열린다. 작은 약속을 지키고, 신뢰를 쌓으며 업무를 꾸준히 개선하다 보면 프로젝트 리더 제안, 핵심 TF 참여, 혹은 부서 이동, 이직과 같은 두 번째 기회가 반드시 찾아온다.

한 사람의 평판이 너무 절대적으로 느껴진다면 회사 안팎으로 네트워크를 넓혀라. 관계가 회사 안에만 머물면, 그의 말 한마디가 인생의 전부처럼 느껴진다. 하지만 회사 밖의 사람들과 교류하고, 다른 시각을 가진 사람들과 연결될수록 그 말이 차지하는 비중은 점점 작아진다.

한 사람의 평가에 매몰되지 말고, 흔들림 없이 앞으로 나아가자. 성실함과 실력을 꾸준히 쌓아 가며 긴 호흡으로 인생을 바라보자. 평판의 주도권은 언제나 우리에게 있다. 닫힌 공간에서 열린 공간으로 나아가며, 더 넓은 무대에서 증명하자. 그게 평판의 무게를 분산시키는 가장 현명한 방법이다.

평판은 한 사람의 말이 아니라, 내가 그 이후 어떻게 살아가느냐로 결정된다.

오늘의 1% 실천 포인트

누군가의 말에 마음이 흔들릴 땐, 그 평가를 절대적인 판결문이 아니라 '하나의 데이터'로 보자.

그 말속에서 배울 점이 있다면 기록하고, 불필요한 감정은 흘려보내라. 오늘 들은 피드백보다 더 중요한 건, 내일 어떤 태도로 다시 일어서는가다. 평판은 즉각적으로 바뀌지 않는다. 시간이 쌓여야 태도가 증명되고, 일관성이 모여야 신뢰가 만들어진다. 그러니 조급해하지 말고 하루를 견고하게 쌓아 올려라.

PART 5

성장 속도를 높이는 노하우

평판은

의욕이 아니라

관계와 구조의

결과다

01

30분 만에 자전거를 탄 아이,
한 달을 넘어진 나

두발자전거가 알려준 인생의 지혜

여의도 한강공원에서 아이들에게 두발자전거 타는 법을 가르쳐 주었다. 큰아이는 30분 만에, 둘째는 1시간 만에 균형을 잡고 페달을 밟기 시작했다. 놀랍게도 그 짧은 시간 안에 자전거 타기의 원리를 터득한 것이다. 예전에 큰아이가 초등 저학년이었을 때도 한 번 시도한 적이 있었다. 하지만 나는 어떻게 가르쳐야 할지 요령이 없어 결국 포기했었다.

그런데 이번에는 자전거 대여소 사장님이 정말 친절하게 연습법을 알려 주셨다. 1단계는 두 발로 땅을 지지하며 속도를 낼 때 양발을 잠깐 들어 보는 것, 2단계는 그 상태로 중심을 잡아 한 발을 페달에 얹고 다른 발은 공중에 두는 것, 3단계는 양발을 모두 페달에 올려 완전히 자전거를 타는 것이다. 그 방법을 그대로 따라 하자, 아이들은 금세 중심을 잡기 시작했고 자전거를 자유롭게 움직이게 되었다. 나와 남편은 아이들이 탈 때 옆에서 브레이크 잡는 법, 코너 도는 요령, 내리막과 오르막에서의 자세, 시선을 앞에 두는 법 등 차근차근 설명해 주었다. 아이들은 격려를 받으며 점점 더 자신 있게 페달을 밟았다. 연습하다가 딱 한 번 넘어졌을까. 아이들은 거의 넘어지지도 않고 다치지도 않았다.

아이들이 자전거를 타는 모습을 보며, 문득 내 어릴 적 자전거 연습 시간이 떠올랐다. 나는 초등학교 1학년 때, 한 달 동안 혼자 연습했다. 부모님은 맞벌이셨고, 어린 나는 도움을 요청할 생각조차 하지 못했다. 안장에 앉으면 두 발이 땅에 닿지도 않았고, 울퉁불퉁한 보도블록 위에서 매일같이 넘어졌다. 무릎과 손바닥은 늘 까져 있었다. 지금도 무릎에는 자전거 타면서 생긴 흉터 여러 개가 없어지지 않고 남아있다. 그래도 포기하지 않고 버텼고, 결국 자전거를 타게 되었을 땐 성취감이 컸다. 하지만 지금 아이들이 30분, 1시간 만에 자전거를 배우는 모습을 보며 이런 생각이 들었다. '내가 너무 오래, 불필요하게 고생했구나.'

그리고 동시에 절실히 느꼈다. 멘토와 코치의 존재가 얼마나 중요한지를. 누군가의 조언과 안내가 있다면 우리는 시행착오를 줄이고, 성장의 속도를 비약적으로 높일 수 있다. 멘토와 코치는 나의 성공을 1년, 2년, 어쩌면 10년 앞당겨 줄 수도 있는 존재다. 물론 누구나 혼자 배울 수 있다. 나처럼 고군분투해서 결국 자전거를 탈 수는 있다. 하지만 '잘 가르쳐 주는 사람'이 곁에 있다면, 성장의 시간은 짧아지고, 실패의 횟수는 줄어든다. 그래서 우리는 더 쉽게, 더 멀리, 더 안전하게 앞으로 나아갈 수 있다.

성장은 혼자만의 힘으로 이루어지지 않는다. 누군가 곁에서 방향을 잡아 주고, 시행착오를 줄여 주고, 격려해 줄 때 속도는 훨씬 빨라진다. 삶의 여정에서 만난 멘토와 코치에게 감사할 줄 아는 태도는, 앞으로 또 다른 멘토를 만나고 더 큰 성장을 이루게 하는 밑거름이 된다. 기회가 된다면, 당신을 일으켜 세워 준 그분들께 작은 감사라도 표현하라. 그 선택이 다시 당신의 길을 단단하게 지켜 줄 것이다.

02

멘토링을 받으러 온 걸까,
점집을 찾아온 걸까

듣고 싶은 말만 좇지 말고, 삶을 바꾸려는 태도로 조언을 구하자

한국대학생인재협회에서 한 대학생이 고민을 털어놓았고, 나는 나름의 해결 방향을 제시해 주었다. 그런데 한 달 뒤, 그는 다른 실무진에게 같은 고민을 이야기하고 있었다. 또 한 달이 지나자, 또 다른 실무진에게 똑같은 질문을 던지고 있었다.

그 모습을 보며 두 가지 마음이 들었다. 하나는 자기 자신에 대한 확신이 부족하고 불안이 크다는 점에서 안타까운 마음이었다. 하지만 동시에 이미 한 차례 방향이 제시된 고민을 계속 붙잡고 있는 모습이 비생산적으로 느껴졌다. 누군가의 조언을 구할 때마다 그 사람의 시간과 에너지가 쓰인다는 점에서도 아쉬움이 남았다.

이런 장면은 대학생들만의 이야기가 아니다. 직장에서 선배나 상사에게 조언을 구할 때, 혹은 피드백 면담을 요청할 때도 비슷한 모습이 반복된다.

이미 들은 답이 마음에 들지 않으면 다른 사람을 찾아가 같은 질문을 던진다. 원하는 대답이 나올 때까지 사람만 바꾸는 식이다.

이 경우, 그 사람이 정말로 해결책을 찾고 있는지 돌아볼 필요가 있다. 조언이 불편해서 다른 사람을 찾는 것이라면 그것은 문제 해결이 아니라 확인 욕구에 가깝다. 듣고 싶은 말을 해 줄 누군가를 찾고 있는 셈이다. 그 모습이 마치 점집을 찾아다니는 태도와 닮아 보이는 이유다.

점집을 찾는 심리의 바탕에는 불안이 있다. 스스로 결정할 용기가 없을 때 대신 결론을 내려 줄 누군가를 찾게 된다. 조언이나 피드백을 대하는 태도 역시 마찬가지다. 불안을 잠재우기 위해 조언을 구하면 그 자리는 성장의 계기가 아니라 일시적인 위안의 공간으로 변한다.

조언과 피드백은 불안을 없애기 위해 받는 것이 아니다. 자기 성장을 위해 받는 것이다. 목적은 확신을 얻는 데 있지 않고 자신의 판단력을 키우는 데 있다. 조언을 구하는 자리는 위로나 한풀이의 시간이 아니라 자신의 한계와 과제를 점검하는 학습의 자리다. 즉, 1:1 면담은 누군가의 말을 듣는 시간이 아니라 스스로를 단련하는 시간이다.

그래서 조언과 피드백을 대할 때 몇 가지 태도가 필요하다.

첫째, 겸손함이다. 조언은 언제나 부드럽게 오지는 않는다. 때로는 거칠고, 냉정하고, 기대와 다를 수 있다. 특히 선배나 상사는 나보다 한 발 떨어진 위치에서 나를 보기 때문에 내가 미처 인식하지 못한 리스크를 짚어줄 때가 많다. 그때 방어적으로 반응하기보다 불편함을 견디며 받아들이는 태도가 필요하다.

둘째, 면담 이후의 성찰이다. 조언은 듣는 순간보다 그 이후가 더 중요하다. 그 말을 내 상황에 어떻게 적용할지 스스로 질문하고 정리해야 한다. 성찰 없는 조언은 흘려보낸 말에 불과하다.

셋째, 책임감이다. 조언을 따를지 말지는 전적으로 자신의 선택이다. 다만 선택한 뒤에는 그 결과에 책임을 져야 한다. 조언은 대신 살아주지 않는다. 결정의 무게는 결국 본인이 짊어진다.

마지막으로, 한 사람의 조언을 끝까지 소화해 보기를 권한다. 여러 사람에게 같은 질문을 던지기 전에 한 명의 선배나 상사가 해 준 조언을 실제로 실행해 보고 그 결과를 경험해 보자. 실행 없이 이 사람 저 사람 조언만 듣고 다니면 성장은 일어나지 않는다.

조언과 피드백의 자리는 힐링 시간이 아니다. 한풀이의 장도 아니다. 자기 뜻을 관철하는 공간도 아니다. 그런 목적으로 누군가를 찾는다면 어떤 조언도 삶을 바꾸지 못한다.

조언은 성장을 위한 도구다. 성장에는 늘 불편함이 따른다. 자기 객관화의 순간은 때로 아프고 민망하며 눈물겨울 수도 있다. 하지만 그 과정을 통과할 때 비로소 사람이 단단해진다. 자신의 성장에 진지한 사람은 조언을 소비하지 않고 삶에 적용한다.

조언을 점집처럼 소비한다면 결국 누구의 말도 만족스럽지 않을 것이다. 하지만 조언을 삶의 재료로 삼는다면 단 한 번의 면담만으로도 분명한 변화가 시작될 수 있다. 핵심은 누가 무슨 말을 했느냐가 아니라, 그 말을 대하는 나의 태도다.

오늘의 1% 실천 포인트

1. 조언이나 피드백을 받을 때 듣고 싶은 말만 고르지 말자.
2. 불편했던 조언 하나를 기록하고 행동으로 옮겨 보자.
3. 조언을 실행하는 순간, 피드백은 평가가 아니라 성장의 발판이 된다.

03

질문이 깊을수록 평판은 단단해진다

좋은 질문은 조언보다 더 큰 힘을 가진다

나는 팀장들과 정기적으로 조언과 피드백을 나누는 시간을 갖는다. 이 시간은 누군가에게는 한 학기 성장의 전환점이 되지만 누군가에게는 그저 무난한 대화로 끝나기도 한다. 차이를 만드는 것은 조언의 수준이 아니다. 바로 그 자리에 어떤 질문을 들고 오느냐다.

조언이나 피드백은 답을 받아 적는 시간이 아니다. 오히려 질문을 통해 스스로 사고를 정리하고 방향을 점검하는 과정에 가깝다. 그래서 이런 자리에서 가장 중요한 역량은 '잘 듣는 힘'보다 '잘 묻는 힘'이다. 질문의 깊이가 곧 대화의 깊이가 되고 그 태도는 고스란히 평판으로 남는다.

현장에서 자주 듣는 질문 중 하나는 "어떻게 하면 좋을까요?"라는 말이다. 이 질문은 사실 상대를 곤란하게 만든다. 범위가 너무 넓어 어디서부터 짚어야 할지 애매하기 때문이다.

반대로 "발표할 때 목소리가 작다는 피드백을 받았는데 호흡 연습이 도움이 될까요? 아니면 발성 수업을 듣는 게 나을까요?"처럼 묻는다면 상황은 달라진다. 질문이 구체적일수록, 조언은 실행할 수 있는 방향으로 이어진다.

실제로 어떤 팀장은 조언을 구하러 올 때부터 작은 노트를 펼친다.
"제가 세운 계획을 보시고 과하거나 불필요한 부분이 있는지 봐 주실 수 있을까요?"
"자투리 시간을 어떻게 쓰는 게 좋을지 조언을 듣고 싶습니다."
"제 경험 기준으로 보면 어떤 회사, 어떤 직무에 집중하는 게 현실적일까요?"
"기획 PT 흐름을 짜봤는데, 전체 구조가 괜찮은지 점검해 주실 수 있을까요?"

이 질문들은 공통으로 세 가지 특징을 갖고 있다.
첫째, 상황이 구체적이다. 맥락이 분명하니 답도 현실적이다.
둘째, 이미 고민한 흔적이 담겨 있다. 질문 자체가 자기 성찰의 결과다.
셋째, 선택지가 포함되어 있다. 방향을 함께 점검하기 쉬운 질문이다.

반대로 질문을 준비하지 않은 채 조언을 구하는 경우도 있다. 머릿속이 정리되지 않으니, 대화는 안부나 상황 설명에서 맴돈다. 관계를 쌓는 데 의의를 둘 수 있겠지만 중요한 피드백의 자리를 그 수준에서 끝내기에는 아쉽다. 준비되지 않은 질문은 대화를 얕게 만들고, 그 태도는 그대로 평가로 남는다.
내가 개인적으로 더 인상 깊게 여기는 질문은 경력이나 실무를 넘어 삶의 태도와 관계를 묻는 말들이다.
"부모님과의 관계가 늘 어렵습니다. 신뢰를 회복하려면 어떤 태도가 필요할까요?"

"충동적으로 중요한 관계를 정리했는데, 그 선택을 어떻게 돌아봐야 할까요?"

이런 질문은 상대를 단순한 정보 제공자나 조언 창구로 대하지 않는다. 삶의 방향을 함께 점검할 수 있는 어른으로 존중하고 있다는 신호다. 그래서 이런 질문을 던지는 사람은, 조언을 받는 자리에서도 자연스럽게 신뢰를 쌓는다.

물론 경력이나 실무에 관한 질문 역시 중요하다. 그런 질문들은 방향을 정리하고 시행착오를 줄이는 데 큰 도움이 된다. 다만 그 경우에는 조언자의 경험이 중심이 되기 쉽다. 반면 삶의 태도와 관계에 관한 질문이 나올 때는 대화의 결이 달라진다. 그때는 실패와 회복, 선택의 무게 같은 이야기들이 오간다. 커리어 설계 관련 질문이 성장을 촉진한다면, 삶을 살아가는 방식에 관한 질문은 신뢰를 축적한다.

다만 이런 깊은 질문은 아무 때나 가능한 것은 아니다. 조언을 구하는 관계의 신뢰 수준에 따라 주제의 범위와 깊이는 조절되어야 한다. 공식적인 조직 안에서는 더욱 그렇다. 질문의 깊이는 관계의 신뢰를 앞서갈 수 없다.

삶의 연약함을 꺼내놓을 수 있는 대화는 두터운 신뢰가 형성된 관계 안에서만 가능하다. 그럴 때 조언의 자리는 기술을 점검하는 시간을 넘어, 사람과 사람이 연결되는 시간이 된다. 질문이 깊어질수록 그 사람에 대한 평판 역시 단단해진다.

결국 더 많이 성장하고 더 오래 신뢰받는 사람은 답을 잘 듣는 사람이 아니라 질문을 잘 던지는 사람이다. 질문을 준비하는 과정에서 이미 사고는 정리되고, 질문을 다듬는 과정에서 자기 성찰이 일어난다. 그래서 조언이나 피드백을 앞두고 있다면 최소한 세 가지 질문은 미리 준비해 보길 권한다. 그 준비가 평범한 조언의 자리를 평판이 쌓이는 순간으로 바꾼다.

오늘의 1% 실천 포인트

1. 조언이나 피드백을 앞두고 지금 가장 고민되는 질문 세 가지를 적어 보자.

2. 질문의 구체성이 대화의 깊이를 만들고 그 태도가 평판으로 남는다.

3. 좋은 질문 하나가, 긴 조언보다 더 오래 당신을 성장시킨다.

04

가장 큰 자극은 옆에서 온다

그들이 있어 나도 열심히 해 보고 싶어진다

수영 강습을 받아 본 분들이라면 공감할 것이다. 단체 수업에서는 강사의 지침을 듣고 첫출발을 하는 사람이 무척 중요하다. 여러 사람이 한꺼번에 물속에 들어가 동작을 따라야 하는 상황에서, 가장 앞에 있는 사람의 움직임은 일종의 가이드가 된다. 그가 동작을 정확히 이해하고 매끄럽게 실행하면, 그걸 본 다른 수강생들도 덜 헤맨다. 반대로 첫 사람이 엉뚱한 방향으로 가거나 동작을 불분명하게 하면, 그 뒤의 사람들 역시 혼란에 빠지기 쉽다.

사실 이 원리는 수영장에서만 통하는 게 아니다. 조직에서도 마찬가지다. 가장 앞에서, 혹은 가장 옆에서 행동하는 동료 한 사람의 모습은 팀 전체의 수준을 끌어올리기도 끌어내리기도 한다.

얼마 전 한 대학생으로부터 연락을 받았다. "옆에 팀원분들이, 멘토님께서 가르쳐 주신 내용을 바로 실천하는 모습을 보면서 자극받았습니다. 덩

달아 저 역시 적극적으로 시도해 보고 있습니다" 그 이야기를 듣는 순간, 그 수영장 장면이 떠올랐다. 가까이 있는 사람의 움직임 하나가 주변에 얼마나 큰 자극이 되는지를 새삼 실감했다.

내가 느슨해질 때, 옆에 있는 사람의 열심과 열정은 나를 일으킨다. 내가 불평할 때, 묵묵히 자기 일을 해내는 그의 모습은 나를 돌아보게 만든다. '나도 저렇게 해 봐야겠다'라는 생각은 멘토의 강의보다, 바로 옆자리에서 더 자주 일어난다.

멘토나 코치는 일대일보다는 주로 강의, 간담회 같은 일대다의 자리에서 만난다. 그래서 그분들의 이야기가 내게 와닿지 않을 때도 있다. 반면 동료는 같은 일정에 쫓기고, 같은 리더를 보고 있다. 나와 조건이 비슷하기 때문에, 그 사람의 반응, 행동 또는 그가 내는 결과물로 곧 나의 현재 위치를 적나라하게 알 수 있게 되는 것이다.

일을 잘하는 동료는 팀의 평균 실력을 끌어올린다. 가령 동일한 주제의 기획안을 제출했을 때 동료의 결과물을 보고 배우고 자극받게 된다. 또한 태도가 뛰어난 동료는 팀의 문화를 끌어올린다. 갈등 상황에서 볼 수 있는 그의 성숙한 대처, 친절함은 팀 전체의 분위기를 정돈해 준다.

이에 더하여 팀원, 막내, 신입처럼 작은 역할로 보이는 사람이 먼저 움직일 때 더 큰 울림과 자극이 만들어지기도 한다. "신입인데도 잘하네", "누가 시키지도 않았는데 저걸 벌써 시작했어?" 그런 태도는 자연스럽게 팀에 긍정적 긴장감을 불러온다.

멀리 있는 롤 모델보다 더 실감 나는 영향력은 옆자리의 누군가가 보여주는 '하루하루의 태도'에서 나온다. 뛰어난 동료는 나를 자극시키는 촉진제다. 그런 동료를 만났다는 건 행운이다.

우리는 동료의 뛰어남 앞에서 위축되기보다 자극을 선택해야 한다. 비교보다 배움을, 시기하고 질투하기보다는 시도를 선택하자. "나는 쟤처럼은 못 하겠는데", "쟤는 나랑 다른 사람이야"라는 식으로 선을 그으며 핑계 대지 말자. "나는 1단계로 무엇부터 해 볼까?", "천천히 조금씩 시도하다 보면 되겠지. 뭐든지 꾸준히 하면 되는 거야"라는 생각으로 전환하자. 1cm라도 나아가는 사람은 늘 한 걸음 더 성장한다.

나를 성장시키는 자극은 종종 우리가 가장 영향력 없다고 생각한 자리에서 시작된다. 지금 당신 옆에 있는 그 동료가, 어쩌면 당신을 가장 강력하게 성장시키고 있는 사람일지 모른다. 그리고 당신 역시, 누군가에게 그런 존재가 될 수 있다.

오늘의 1% 실천 포인트

옆에 있는 동료 중 "나를 자극시킨 사람" 한 명을 떠올려 보자. 그 사람의 어떤 태도나 행동이 나에게 영향을 주었는지를 구체적으로 기록해 보자. 그리고 그 배움을 흉내 내는 작은 시도를 오늘 바로 시작해 보자. 비교 대신 자극으로, 시기 대신 성장으로 반응할 때 나 역시 누군가에게 긍정적인 자극이 되는 사람으로 바뀌어 간다.

05

롤 모델의 성과 말고
그들의 자세와 태도를 모델링하라

모델링하는 것은 좋으나
그들의 성과와 성장 속도를 비교하지는 말라

인격적으로 성숙하고 실력이 뛰어난 사람을 보면 우리는 '그를 닮고 싶다'라는 생각을 할 때가 있다. 나아가 그를 롤 모델로 삼고 그의 행적을 뒤따라가며 성장 동력을 얻기도 한다. 그런데 그 과정에서 롤 모델의 성과와 성장 속도에 자기 자신을 비교하며 낙심하는 사람들이 있다. 그들이 빠진 함정은 무엇인지 이 글에서 짚어보려고 한다.

우리가 롤 모델을 정하는 이유는 무엇인가?

첫째, 그 사람의 인생을 모방하기 위함이 아니라, 자신의 성장을 위함이다. 그를 모델링하는 과정에서 자신의 성장을 방해하는 생각이 있다면 이를 철저히 제거해 나갈 필요가 있다. 먼저, 롤 모델의 외형적인 성공에 초점을 맞추지는 않았는지 되짚어 보자. 그들의 성과와 나의 성과를 비교하면, 지나치게 스스로를 압박하며 스트레스를 받을 수 있다. 또한 충분히 성실하게 살고 있음에도 롤 모델의 성장 속도와 자신의 속도를 비교하며 자기 자신을 다그치는 사람이 있다. 스스로를 초라하게 만드는 이런 생각들은 오히려 성장을 가로막는 방해물일 뿐이다.

둘째, 롤 모델과 나는 완전히 다른 사람이라는 것을 기억하자. 그가 가진 자원과 역량, 그가 처한 환경은 나와 다르다는 것을 기억하자. 타고난 능력과 건강, 성장 환경뿐만 아니라 그들이 활동하던 시대, 경제, 시장 상황이 나의 것과 다르다. '성장'이라는 모델링의 근본 목적을 상기하고 그들의 여정을 보려고 하자. 그들의 태도와 자세를 배우는 데 집중한다면, 진정한 성장을 이룩할 것이다.

마지막으로, 롤 모델처럼 사는 모습을 지금 처한 환경에서부터 실천해야 한다. 그들의 태도는 오늘 바로 실천할 수 있다. 일할 때, 공부할 때, 팀 활동을 할 때, 가족과 함께 할 때 실천할 수 있다. 롤 모델과 같이 성공했을 때 그 태도를 실천하겠다는 어리석은 생각은 버리길 바란다. 예를 들면, '나한테 (롤 모델한테 주어졌던 기회처럼) 큰일을 맡겨 주면 잘할 수 있는데 왜 기회를 안 주는 거야?'라는 생각은 버려야 한다. 작은 일일지라도 그 일부터 잘해야 큰일을 맡겨 주는 법이다. 또는 '나도 롤 모델처럼 성공하면 가족한테 잘해야지, 주변한테 선물해 줘야지'가 아니라 지금 나의 상황에 적합한 형태로 주변에 친절과 호의를 베푸는 것이 좋다.

롤 모델의 삶에서 내가 본받아야 할 것은 그들의 가치관, 자세, 태도다. 누군가를 모델링하기로 마음먹었다면 그를 제대로, 심도 있게, 종합적으로 연구해 볼 필요가 있다. 실패와 좌절을 겪을 때 어떤 생각으로 극복했는지, 성공했을 때 교만하거나 안주하지 않고 어떤 자세를 취했는지, 주변 사

람들을 어떻게 존중했는지, 가까운 이들로부터 어떠한 평판을 들었는지 등
알아볼 필요가 있다. 제대로 된 모델링과 자신만의 속도로 성장해 나가는,
중심 잡힌 태도가 있을 때 자신만의 고유한 성장 궤도를 그려 나갈 것이다.

오늘의 1% 실천 포인트

당신의 롤 모델을 떠올려 보자. 그리고 그의 성과가 아닌 '태도 한 가지'를 구체
적으로 적어 보자. 예를 들어, "그는 피드백을 받을 때 감정적으로 반응하지 않는
다", "작은 일에도 책임감을 보인다" 같은 것들이다. 그 태도를 오늘 당신의 자리
에서 한 번 실천해 보자. 비교가 아닌 모델링, 경쟁이 아닌 배움으로 하루를 쌓아
가자.

06

완벽한 계획보다 작은 실행이 낫다

완벽을 기다리다 멈추는 사람보다,
부족해도 시작하는 사람이 성장한다

무언가를 시작하기 전에 지나치게 오래 준비하는 사람들이 있다. 완벽한 계획을 세우고 모든 변수를 예측해야만 마음이 놓인다고 말한다. 하지만 완벽한 준비는 대개 실행을 지연시킨다. '더 나은 타이밍'을 기다리다 결국 아무것도 시작하지 못한 채로 시간만 흐른다. 반대로, 작게 시도하는 사람은 생각보다 빠르게 성과를 낸다. 왜냐하면 실행의 진짜 힘은 완벽함이 아니라 '가벼운 출발'에서 나오기 때문이다.

전문직 자격증을 36개나 취득한 곽상빈 변호사도 비슷한 이야기를 했다. 그는 공부할 때 정석이나 이론서부터 보지 않고 무조건 기출문제부터 푼다고 한다. 문제와 정답을 반복해서 보며 감을 익히고, 필요한 부분을 그때그때 보완한다고 했다. 즉, 완벽히 준비된 다음에 뛰어드는 게 아니라 뛰어들면서 배우는 사람이다. 그의 공부 방식은 '작게 시도하기'의 철학과 정확히 맞닿아 있다.

완벽한 계획은 언뜻 체계적이고 현명해 보이지만, 그 속엔 몇 가지 함정
이 있다. 첫째, 완벽을 추구한다는 말은 사실상 '실패를 두려워한다'라는
뜻이기도 하다. 실수를 줄이려는 욕심이 결국 시도 자체를 늦춘다. 둘째,
실행보다 예측에 에너지를 낭비한다. 실행을 통해 얻을 피드백을 머릿속
시뮬레이션으로 대체하려 하지만, 실제 시장·현장은 예측과 다르게 움직인
다. 셋째, 계획이 길어질수록 심리적 피로감이 누적된다. 일을 시작하기도
전에 의욕이 소진되어, 실행 시점에는 이미 동력이 떨어질 가능성이 높다.
결국 완벽한 계획은 시작의 타이밍을 앗아가고, 지나친 준비는 실행 동력
을 뺏는 셈이다.

반대로, 작게 시도하는 사람은 실패를 학습의 일부로 받아들인다. 한 번
의 시도는 완벽하지 않아도, 매번 얻는 피드백이 다음 단계의 연료가 된다.
작은 시도는 부담이 적기 때문에 오래 지속할 수 있고, 빠른 개선이 가능하
다. 작은 시도는 계획보다 '현장 감각'을 만들어 준다. 계획이 머릿속 지식
이라면, 시도는 진짜 내공이 된다.

한국대학생인재협회의 한 팀도 이 원리를 보여 줬다. 그 팀은 기획 PT를
완벽하게 만들겠다고 초반 3주를 준비에 쏟아부었다. 디자인 시안 하나,
문장 한 줄까지 완벽히 맞추고 싶어서 밤샘 작업을 반복했고, 피드백이 끝
없이 오갔다. 결국 PT는 매끄럽게 진행됐지만, 실전 마케팅에 들어갔을 때
는 이미 팀 전체가 지쳐 있었다. 아직 실전을 시작하지도 못한 상태에서 힘
이 빠진 것, 페이스 조절에 실패한 것이다. 그럴 게 아니라 디자인은 투박
하더라도 메시지만 다듬고 빠르게 시도했더라면, 실행 단계에서 훨씬 더
많은 인사이트를 얻을 수 있었을 것이다.

이건 공부나 조직뿐만 아니라 사업에도 그대로 적용된다. 많은 사람들이 창업을 준비하면서 '완벽한 아이디어'를 찾고 '완벽한 준비'를 하느라 시간을 낭비한다. 하지만 완벽한 아이디어, 완벽한 준비란 없다. 특히 창업을 할 때는 자본이 투자되기 때문에 처음부터 거창하게 규모를 키우기보다는 작게 시도하는 것이, 실패하더라도 회복을 쉽게 해 주고 지속성을 더해 준다. 가볍게 시도하며 시장의 반응을 배우며 다듬어 가는 과정에서 차별화가 만들어진다. 사업에 있어서도, 완벽한 기획보다 중요한 것은 꾸준한 실행과 개선이다.

결국 중요한 건 완벽한 계획이 아니라 작은 시도다. 계획은 수정할 수 있지만, 멈춘 시간은 되돌릴 수 없다. 거창하게 출발하려는 마음을 내려놓고, 오늘 할 수 있는 가장 작은 행동 하나를 선택해 보자.

오늘의 1% 실천 포인트

완벽히 준비된 날을 기다리지 말고 '지금 바로 할 수 있는 가장 작은 시도 한 가지'를 해 보자. 작은 시도는 생각보다 훨씬 강한 실행력을 가진다.

루틴의 목적은 지키는 게
아니라 지속하는 것이다

유연함이 필요한 때와 결코 타협해선 안 되는 순간

루틴은 성실한 사람의 또 다른 이름처럼 들린다. 매일 같은 시간에 일어나고, 일정한 순서로 하루를 시작하는 사람. 그런 사람을 보면 "참 부지런하다"라는 말이 절로 나온다. 루틴은 삶을 단단하게 붙드는 질서이자, 흔들리지 않게 해 주는 구조물이다.

하지만 루틴을 지키다 보면 어느 순간 벽에 부딪힌다. '오늘은 못 지켰다'라는 죄책감, 계획이 어긋났다는 불안감이 마음을 짓누른다. 루틴은 원래 나를 돕기 위한 틀이었는데, 어느새 나를 옭아매는 감옥이 되어 버린다.

나 역시 그런 시기가 있었다. 20대 때 나는 잠을 줄이고 일에 몰두했다. 그 당시에는 '버텨야 한다'라는 말을 믿었고 하루 다섯 시간도 자지 않으며 일했다. 그때는 내 몸이 견뎌내는 줄 알았다. 하지만 그 시절 쌓인 무리가 결국 갑상선 혹으로 나타났다. 처음엔 작던 것이 10년 동안 조금씩 커지더니 결국 수술을 해야 했다. 그 일을 겪고 나서야 알았다. 건강이 무너지면 루틴도, 성취도 아무 의미가 없다. 루틴의 목적은 나를 몰아붙이는 게 아니라, 나를 지탱하게 만드는 것이다.

그래서 이제 나는 루틴을 세울 때 '기준과 유연함'을 동시에 생각한다. 몸이 무겁고 마음이 지친 날이라면 잠시 멈추는 것도 루틴의 일부다. 그러나 그렇다고 모든 상황에서 유연하면 루틴은 금세 흐트러진다. 유연함은 '언제 발휘해야 하는지'에 대한 기준이 필요하다.

예기치 못한 변수가 생겼을 때 혹은 루틴이 나를 피곤하게 만들 때는 유연해야 한다. 갑작스러운 일정, 건강의 이상 신호, 마음의 번아웃은 '조정의 시그널'이다. 이럴 땐 자신을 몰아붙이지 말고 잠시 속도를 늦춰야 한다. 반면, 단순히 귀찮아서, 기분이 안 좋아서, 오늘은 그냥 쉬고 싶어서, '오늘 하루는 괜찮겠지'라는 생각이 들 땐 멈춰야 한다. 그건 유연함이 아니라 나태다.

유연함은 흐트러짐이 아니라 회복을 위한 기술이다. 다시 돌아오기 위해 멈추는 것, 다시 설 수 있도록 속도를 늦추는 것. 그게 진짜 루틴의 지혜다.

그리고 루틴을 세울 때, 단 하나만큼은 절대 타협하지 않으려 한다. 그건 건강을 지키는 루틴이다. 수면은 하루 7시간 이상, 그리고 일주일에 세 번 이상은 반드시 땀 흘리는 운동을 한다. 이건 마음의 문제가 아니라 생존의 문제다. 몸이 무너지면 집중력도, 의지도, 성실함도 모두 함께 무너진다. 젊을 땐 버틸 수 있을 것 같지만, 몸은 결코 속지 않는다. 루틴을 만든다는 건 일을 더 많이 하기 위함이 아니라, 오래도록 일할 수 있는 나를 만드는 일이다.

루틴을 지킨다는 건 단순히 계획을 수행하는 게 아니다. 그건 스스로의 삶을 존중하는 방식이다. "나는 시간을 소중히 여긴다", "나는 맡겨진 삶을 책임진다"라는 무언의 선언이다. 그래서 루틴이 무너졌을 때 가장 먼저 점검해야 할 것은 의지보다 시간에 대한 태도다.

시간의 주인이 '나'라고 생각하면, 우리는 그 시간을 마음대로 써도 된다고 착각하기 쉽다. 하지만 시간을 '맡겨진 선물'로 바라보면 태도가 달라진다. 시간을 누군가에게서 잠시 빌려 쓴다고 생각하면, 우리는 그 시간을 함부로 낭비하지 못한다. 마치 잠시 맡은 정원의 꽃들을 하루에 한 번씩 물주며 돌보듯, 오늘의 시간을 정성스럽게 가꾸게 된다. 루틴은 그 '소중함'을 전제로, 삶의 리듬에 탄력을 주는 기술이다.

오늘의 1% 실천 포인트

1. 유연함의 기준 세우기

오늘은 '나태함과 회복'의 경계를 구분해 보자. "오늘의 유연함이 내일의 회복을 위한 것인가?" 이 질문이 루틴을 지키는 가장 현실적인 나침반이 된다.

2. 건강 루틴 점검하기

수면 7시간, 주 3회 운동, 한 끼라도 제대로 된 식사. 이 세 가지가 무너지면 루틴의 나머지도 흔들린다. 가장 기본적인 건강 루틴부터 점검해 보자.

3. 시간의 관점 바꾸기

오늘 하루를 '맡겨진 선물'로 바라보라. 누군가 맡겨준 정원을 정성스레 돌보듯 소중하고 성실하게 시간을 써 보자.

4. '다시 돌아오는 힘' 훈련하기

오늘 루틴을 지키지 못했다면 내일 아침 그대로 다시 시작하라. 꾸준함의 핵심은 완벽함이 아니라 회복력이다.

5. 하루를 정리하는 5분 루틴

잠들기 전 오늘 가장 잘한 일 한 가지와 내일 꼭 지키고 싶은 루틴 한 가지를 적어보자. 루틴은 계획으로 시작하지만, 기록으로 완성된다.

08

OFF의 용기보다 Down의 지혜

속도를 줄여야 멀리 간다

한대협의 한 팀장이 고민을 털어놓았다. 그는 인사팀 인턴으로 시작해 정직원으로 전환된 후, 직장 생활과 한대협 팀장 역할을 병행하고 있었다. 하루 일과만으로도 빠듯했지만, 그는 스스로의 전문성을 키우기 위해 인사 관련 자격증 공부를 이어가고 있었다. 무리해서가 아니라, 지금의 기회를 잘 살리고 싶다는 마음에서였다. 그런데 여기에 늘 마음 한편에 남는 과제가 있었다. 바로 영어 공부였다. "계속 영어 공부가 투두리스트에만 남아요. 다른 건 다 해도 영어는 늘 미완료예요. 현실적으로는 시간이 안 돼서 그냥 접으려고요."

나는 "접지 말고, 맥을 이어가라"라고 제안했다. 몇 년 뒤에는 대기업이나 외국계 기업으로 이직할 수도 있는데 직장을 다니면서 어학 성적이나 실력을 단기간에 만들기는 어렵기 때문이다. 그 가능성을 생각한다면 완벽히 하진 못더라도 이어 가는 것이 중요하다. 그래서 제안했다. "하루에 5개 단어만 외워 보자. 대중교통 이용하는 자투리 시간만 활용해도 된다."

그에게 가르쳐 주고 싶었던 것은 영어가 아니라 지속하는 힘이었다. 공부든 일상이든 맥이 끊기면 다시 시작할 때의 회복 비용이 너무 크다. 그래서 나는 말한다. "전원 OFF가 아니라 Down 모드로 가라" 우리는 힘들면 쉽게 "잠시 쉬겠다"라고 말하지만, 그 '잠시'는 종종 '오랫동안'이 되고, 결국 '다시는'으로 변한다.

인간관계도 마찬가지다. 사람과의 관계가 피곤하다고 대화를 끊고 모임을 접어버리면, 마음의 거리는 순식간에 멀어진다. 완전히 끊기보다는, 잠시 거리를 두되 관계의 선은 유지하는 것이 좋다. "그 사람하고는 상종하지 말아야지"라고 마음을 닫으면, 불가피하게 그 사람과 함께 있어야 하는 상황이 발생했을 때 참 난감해진다. 그리고 그 사람과 나 사이에 얽혀 있는 다른 사람들과의 관계까지 불편해진다.

이때 필요한 것은 결별이 아니라 '조율'이다. 대화를 줄이고, 만남의 빈도를 낮춰 보는 것이다. 그러나 인연 자체를 끊는 선택은 신중해야 한다. 세상은 생각보다 좁고, 사람의 관계망은 얇지만 길게 이어져 있다. 지금의 불편이 영원한 결별로 이어질 필요는 없다. 메시지 하나, 안부 한마디라도 연결을 남겨두면, 혹시나 생길 수 있는 난처한 상황들을 피할 수 있다. Down은 거리두기가 아니라 관계의 여유를 남기는 태도다. 감정이 가라앉을 시간을 주면서도 마음의 문을 닫지 않는 자세, 그것이 성숙한 인간관계의 핵심이다.

성장은 속도가 아니라 맥을 이어 가는 지속성에서 만들어진다. 꾸준한 사람은 완벽한 사람이 아니라 리듬을 잃지 않는 사람이다. 때로는 잠시 속도를 늦추고, 강도를 낮추고, 호흡을 가다듬는다. 그러나 결코 멈추지는 않는다. 하루에 5분이라도 공부하고, 하루에 한 줄이라도 기록하고, 한 달에 한 번이라도 연락하는 것. 그 작은 지속이 결국 인생의 기반을 세운다.

이건 나의 글쓰기 습관에도 동일하게 적용된다. 나는 2024년 6월부터 브런치에 주 2~3회씩 꾸준히 글을 올리고 있다. 하지만 고정 요일을 정해 연재 형태로 운영하는 방식은 택하지 않았다. 연재를 하면 노출이 훨씬 잘된다는 걸 알면서도, 나는 의도적으로 '요일을 정하지 않는 방식'을 선택했다. 정해진 요일에 맞추는 시스템이 글의 노출에는 도움이 되겠지만, 동시에 '써야 한다'라는 압박감을 만든다. 나는 그 압박 대신 즐거움을 택했다. 계획에 내가 매이기보다, 내가 계획을 다루고 싶었다. 그래서 속도를 조금 늦추되, 꾸준함의 맥은 놓지 않는다. 나만의 속도로 글을 이어 가는 방식이다.

에어컨을 생각해 보라. 전기세를 아끼려면 전원을 껐다 켰다 하지 말고, 약하게 계속 틀어두는 게 더 낫다는 건 누구나 아는 상식이다. 일상도 마찬가지다. 전원을 완전히 꺼버리면 다시 켜고 예열하는 데 훨씬 더 많은 에너지가 든다. 하지만 Down 모드는 일정한 온도를 유지해 주면서도 에너지를 아낀다. 우리의 일, 관계, 루틴 역시 같다. 완벽히 달리기보다, 때로는 속도를 낮추고 호흡을 맞추는 게 더 현명하다. 전원 OFF는 단절을 만들지만, Down 모드는 흐름을 지켜 준다. 속도를 잠시 늦춰도 방향을 잃지 않으면, 다시 달릴 힘은 반드시 회복된다. 중요한 건 완벽하게 달리는 것이 아니라, 멈추지 않고 이어 가는 것이다. 방향을 잡고 꾸준히 나아가다 보면, 언젠가는 속도가 붙는 날이 온다. 그리고 그때는 예전보다 훨씬 더 단단한 리듬으로, 더 오래 즐기며 달릴 수 있다.

오늘의 1% 실천 포인트

1. 버거운 일이 있다면 OFF가 아니라 Down을 선택하라. 완전히 끊지 말고 강도만 조절하라.
2. 공부·일·관계에서 '맥'을 잇는 루틴을 만들어라. 영어 5단어, 운동 5분, 메시지 한 줄. 작게라도 연결을 유지하라.

09

열정의 수명을 늘리는 관계의 힘

혼자서는 끝까지 뜨거울 수 없다

수많은 사람을 만나며 오랜 시간 함께 일해 왔다. 그중에는 처음부터 열정이 넘치는 사람도 있고, 시간이 지나며 점점 식어 가는 사람도 있었다. 살다 보면 열정적으로 보이는 사람은 많다. 새로운 일을 시작할 때 누구나 잠시 뜨겁다. 계획을 세우고, 목표를 세우고, 불타오르는 의욕으로 주변을 놀라게 한다. 하지만 몇 달이 지나면 그 불은 흔적도 없이 사라지고, 다시 평범한 일상으로 돌아가는 사람이 대부분이다. 기복 없이 꾸준히 열정적인 사람은 보기 드물다.

열정이 사라지는 징후는 대체로 비슷하다. 일할 때 표정에 생기가 없고, 말투가 단조로우며, 회의에서도 적극적인 제스처가 줄어든다. 말을 아끼고, 타인을 격려하는 말이 사라진다. 나는 이 글을 통해 '열정의 수명'을 늘릴 수 있는 방법, 그중에서도 인간관계가 주는 영향을 이야기하고 싶다.

223

열정이 식는 이유는 개인의 성향이나 의지 부족, 환경 탓으로만 설명되지 않는다. 그 이면에는 관계의 힘이 작용한다. 사람은 혼자서는 오래 달리지 못한다. '혼자 가면 빨리 가고, 함께 가면 멀리 간다'라는 속담처럼, 열정의 지속은 생각보다 인간관계의 영향을 크게 받는다. 옆에서 격려하고 가능성을 일깨워 주는 사람이 있을 때 열정은 다시 살아난다. 반대로 그런 존재가 없을 때, 식어 가는 열정을 혼자서 되살리기는 쉽지 않다.

가정, 학교, 회사라는 울타리 안에서만 지내면 인간관계는 제한적일 수밖에 없다. 그 안에서 긍정적인 자극을 주는 인물이 없다면, 스스로 성장을 지향하는 사람들과 연결될 수 있는 창구를 만들어야 한다. 예를 들어, 10년 이상 꾸준히 한 분야에서 일해 온 사람들, 정신적으로 안정되고 건강한 사람들에게 주목해 보자. 그들은 단단한 내공과 방향감을 가지고 있다. 그들의 SNS를 팔로잉하며 생각과 일상을 관찰하고, 강연이나 북 콘서트, 라이브 방송이 있다면 직접 찾아가 보는 것도 좋다. 단순한 팬심이 아니라 그들의 일과 태도를 가까이서 배우려는 의도로 다가가면 된다. 개인적인 친분을 맺기까지 시간이 걸리더라도, 꾸준히 관심을 두고 소통하다 보면 어느 순간 대화의 기회가 열린다. 그 만남을 통해 얻게 되는 한 문장, 한 태도, 한 선택이 내 안의 열정을 다시 점화시킨다. 결국 '열정이 전이되는 순간'은 그렇게 의식적으로 만들어진다.

이런 만남이 이어질수록 삶의 시야가 넓어진다. 나보다 앞서 걸어온 사람들의 사고방식, 일하는 태도, 관계를 대하는 자세를 곁에서 관찰하며 배우게 된다. 그 과정을 통해 나의 관점이 조금씩 바뀌고, 일의 기준도 성숙해진다. 단순한 자극을 넘어, 내 삶의 리듬이 달라지는 경험을 하게 된다. 깊은 관계란 결국 이런 변화를 가능하게 하는 통로다. 관계가 깊어질수록 우리는 서로에게 솔직해지고, 때로는 불편한 피드백을 주고받게 된다. 바로 그 지점에서 열정이 한 번 더 단련된다.

지속적인 열정을 가진 사람들은 공통적으로 내공이 있다. 그들이 어쩌면 자신의 경험을 바탕으로 조심스럽게, 때로는 아주 가볍게 조언을 건넬 수 있다. 그 말을 흘려듣지 않아야 한다. 어떤 이들은 괜한 오지랖이라고 생각해 깊은 이야기를 아끼기도 하지만, 그럴 때일수록 내가 먼저 조언을 구해야 한다. 그들의 말에 귀 기울이고, 나의 크고 작은 문제를 개선해 나갈 때 그 관계는 단순한 인연을 넘어 신뢰로 자리 잡는다. 그렇게 쌓인 신뢰 속에서 열정은 다시 방향을 얻고 생명력을 회복한다.

결국 열정은 개인의 의지로만 지켜지지 않는다. 좋은 인간관계, 깊은 대화, 그리고 진심 어린 조언을 받아들이는 태도가 열정의 지속성을 결정한다. 꾸준한 사람의 공통점은 언제나 같다. 그들은 자신을 성장시키는 사람들과 함께하며, 그 관계를 의식적으로 관리한다. 열정을 오래 지키는 가장 좋은 방법은 '혼자서 잘하는 법'을 익히는 것이 아니라 '함께 성장하는 법'을 배우는 것이다. 그리고 그렇게 관계 속에서 다져진 내공은, 또 다른 누군가에게 다시 열정의 불씨로 전해진다.

오늘의 1% 실천 포인트

내 주변에서 에너지를 주는 사람 3명을 떠올려 본다. 그들과의 관계를 '정보 교류'가 아닌 '진심 교류'로 바꿔 보자. 피드백을 들을 때 즉각 반응하지 말고, 하루 뒤 다시 곱씹어 본다. 이번 주 안에 한 사람에게 "당신 덕분에 다시 힘이 났어요"라는 말을 전하자. 열정은 불씨다. 혼자 지키기보다 함께 지킬 때 오래간다.

10

삶은 운이 아니라 구조다

분별력으로 지키고 감사로 완성하는 사람들의 법칙

살다 보면 누구나 예상치 못한 굴곡을 마주한다. 계획에 없던 사고가 일어나고, 몸이 말을 듣지 않거나, 관계가 단절되기도 한다. 그러나 어떤 사람들은 그런 위기 속에서도 끝내 안정된 삶에 이른다. 그들을 보면 '운이 좋아서'라는 말은 어딘가 부족하다. 시간이 지날수록 분명해진다. 그들은 우연히 잘 산 것이 아니라, 스스로 만들어 둔 구조 속에서 살아온 사람들이다.

그 구조란 단순히 끈기나 근성의 문제가 아니다. 감정에 휘둘리지 않도록 나를 붙드는 시스템이며, 삶의 방향이 쉽게 무너지지 않게 지탱하는 질서다. 나는 그것을 '꾸준할 수밖에 없는 틀'이라고 부른다. 자기 관리, 관계 관리, 환경 관리 이 세 가지가 균형을 이루어야 삶이 흔들리지 않는다.

나는 혼자서도 잘 버티는 편이라 생각했지만, 어느 순간부터 깨달았다. 한대협이 내게는 너무 고마운 '구조'였다는 것을. 한대협은 단순한 일터가

226

아니라, 나를 꾸준히 성장시켜준 울타리였다. 이곳에서 수많은 학생을 만나고, 강의를 준비하고, 함께 일하며 내 일상에는 자연스럽게 리듬이 생겼다. 매주 토요일, 정해진 시간에 그 자리에 서야 한다는 책임이 나를 다시 일으켜 세웠다. 피곤해도 준비를 해야 했고, 말로만 가르칠 수 없으니 내 삶이 먼저 따라야 했다. 그 반복이 내 '자기 관리의 구조'였다.

그 안에서의 동료들은 '관계의 구조'였다. 함께 일하며 서로를 다듬고, 때로는 피드백을 주고받는 과정이 나를 성장시켰다. 그리고 이 일을 지속할 수 있게 한 것은 '환경의 구조'였다. 혼자였다면 무너졌을 순간에도, 함께였기에 다시 일어설 수 있었다. 나는 그때 알았다. 꾸준함은 의지의 문제가 아니라 구조의 문제라는 것을. 루틴이 나를 지켜 주고, 시스템이 나를 다시 제자리로 돌려놓는다는 것을.

나에게 한대협이 그 구조였다면, 당신에게는 다른 형태의 구조가 있을 것이다. 일터일 수도 있고, 배움의 공동체일 수도 있고, 신앙이나 취미로 연결된 모임일 수도 있다. 중요한 것은 '나를 더 단단하게 만드는 틀을 의식적으로 만들어 두는 일'이다. 그 구조가 있어야 위기 앞에서도 방향을 잃지 않는다.

왜냐하면 위기와 유혹은 늘 예기치 않게 찾아오기 때문이다. 그것은 큰 사건으로 오기보다, 겉보기엔 사소하지만 마음을 흔드는 미묘한 순간들로 다가온다. 일을 조금 미루어도 괜찮겠다는 생각, 기준을 낮추고 싶어지는 유혹, '이 정도면 됐지'라는 안일함, 스스로를 합리화하며 긴장을 풀어버리는 순간들. 이런 작은 흔들림이 쌓이면 어느새 중심이 무너진다.

우여곡절이 있어도 결국 잘살게 되는 사람들은 그런 순간을 잘 알아차리고 분별한다. 감정이 앞서기 전에 원칙을 세우고, 자신이 만들어둔 구조 안으로 돌아간다. 나 역시 그러려 한다. 일상에서 방향이 흐려질 때마다 스스로에게 묻는다. "이 선택이 나를 단단하게 만드는가, 아니면 약하게 만드는가." 분별은 거창한 판단이 아니라, 매일의 사소한 선택 속에서 길러지는 근육 같다.

그리고 그 구조의 중심에는 늘 '감사'가 있어야 한다. 감사는 나를 다시 본질로 돌아가게 한다. 감사에 머무르면 마음이 고요해지고 속도가 조절된다. 일과 관계, 목표와 쉼 사이의 균형이 회복된다. 감사는 조급함을 잠재우고, 내 안의 불만을 다스리며, 지금 가진 것을 지킬 힘을 준다. 결국 감사가 습관이 되면 마음이 단단해지고, 단단한 마음은 평형을 만든다. 감사는 구조를 완성시키는 마지막 축이다.

감사로 채워진 구조는 흔들리지 않는다.
그런 사람의 평판은 결국 좋아질 수밖에 없다.

오늘의 1% 실천 포인트

1. 지금 내 삶을 지탱해 주는 구조를 '자기 관리/관계 관리/환경 관리' 측면에서 떠올려 보자. (예: 매일 반복하는 습관, 함께하는 사람, 내가 속한 환경)
2. 없다면, 나를 성장시킬 수 있는 작은 틀 하나를 만들어 보자. (예: 정기 모임, 루틴, 기록 습관 등)
3. 최근 내 마음을 약하게 만드는 미묘한 유혹이 무엇인지 적어 보자.
4. 내가 요즘 조급하거나 불만을 가지는 부분이 있다면 기록해 보자. 그 기저에 깔린 욕심과 불안, 잘못된 기대도 함께 적어 보자. 그리고 나에게 있는 것에 감사하자.
5. 꾸준한 삶은 운이 아니라 구조에서 나온다. 구조가 단단하면 평판은 자연히 따라온다.

부록

01. 평판 자가 진단 시트

나의 말, 행동, 태도는 주변 사람에게 어떤 인상을 줄까? 아래 항목을 읽고 해당된다면 ○, 아직 부족하다면 ✕를 표시해 보세요.

구분	점검 항목	○ / ✕
말	불만보다 감사 표현이 더 많다	
말	상대가 이해하기 쉽게 말하려 노력한다	
말	회의나 대화 중 타인의 의견을 존중한다	
행동	맡은 일은 끝까지 책임지고 마무리한다	
행동	작은 약속도 지키려 노력한다	
행동	실수 시 변명보다 먼저 사과한다	
태도	비판을 들었을 때 방어적이지 않다	
태도	감정 기복이 크지 않고 일관된 태도를 보인다	
태도	리더가 없을 때도 동일한 자세로 일한다	
관계	팀 전체의 신뢰를 깨뜨리는 말을 삼간다	

▶ 8개 이상 ○라면, 이미 '신뢰 기반형'으로 좋은 평판을 쌓고 있습니다. 부족한 항목은 다음 한 달 동안 의식적으로 개선 목표로 삼아 보세요.

아래는 실제 조직 내에서 평판을 깎는 대표적인 말·태도입니다. 옆 칸에 '나에게서 가끔 보인다(○)', '전혀 아니다(×)'를 표시해 보세요.

No	말·태도	○ / ×
1	"그건 제 일이 아닌데요"	
2	"제가 말씀드렸잖아요"	
3	결과보다 과정 설명에 집착한다	
4	불만을 '농담'이나 '뒷말'로 표현한다	
5	다른 사람이나 다른 팀의 공로를 인정하지 않는다	
6	늦거나 미루면서도 사전 공유는 하지 않는다	
7	감정이 표정·메신저 말투 등에 그대로 드러난다	
8	부탁받은 일에 '귀찮음'이 묻어난다	
9	상사의 부재 시 일의 속도가 느려진다	
10	피드백을 받으면 표정이 굳거나 방어적으로 반응한다	

▶ 점검 포인트

1~3개 정도 ○ → 경미한 습관, 의식적으로 교정 필요

4~6개 이상 ○ → 평판 리스크 경고

7개 이상 ○ → 이미 신뢰 손상 중. 빠른 개선 루틴 필요

03. 평판 회복 루틴

누구나 실수할 수 있습니다. 중요한 건 '대처의 품격'입니다. 다음 3단계 루틴을 따라가며 신뢰를 회복해 보세요.

① 인정하기: 핵심은 빠른 인정입니다. 24시간 안에 하는 것이 이상적입니다.

"이건 제 실수입니다. 바로 수정하겠습니다."

② 복구: 피해가 발생했다면 구체적으로 복원 방안을 제시합니다.

예: "자료를 새로 정리해서 오늘 오후까지 다시 전달드리겠습니다."

③ 공유: (사안에 따라서) 동일한 실수가 반복되지 않도록 조직 전체에 공유합니다.

예: "이번 일을 계기로 문서 백업 절차를 매주 월요일로 정했습니다."

▶ 기록해 보기(예시)

항목	내용
최근 실수 상황	회의 자료를 제출 마감 1시간 전에 보내기로 했는데, 다른 업무에 몰입하다가 잊어버려 늦게 전달함. 상사와 팀원들이 내 자료를 기다리는 동안 일정이 지연됨.
내가 취한 대처	늦게 전달된 사실을 바로 인정하고, 정중한 메시지로 사과함. "제 실수입니다. 바로 수정하겠습니다." 이후 수정된 자료를 30분 내 재전달하고 일정 재조정 요청도 함께 드림.
다음에는 이렇게 해 보겠다	회의 전날 오후에 미리 자료를 완성해 두고 마감 2시간 전 리마인드를 해 주는 알람을 설정하기로 함. 반복되지 않도록 팀 내 일정 관리 템플릿에도 '자료 제출 시간' 항목을 추가함.

04. 하루 5분 일기(감사 일기 & 감정 일기)

단 5분의 기록이 평판의 내면을 단단하게 합니다. 매일 하루를 마치기 전, 아래 항목을 채워 보세요.

▶ 기록해 보기(예시)

구분	기록 내용
오늘 감사했던 사람 / 순간	팀원 민지가 늦게까지 발표 자료를 함께 수정해 줘서 고마웠다. 혼자였으면 훨씬 오래 걸렸을 일이다.
내가 표현하지 못했지만 감사했던 일	오전 회의 때 실수를 했는데 팀장이 감싸 주며 대신 설명해 주셨다. 그때는 쑥스러워 말하지 못했지만 마음속으로 정말 감사했다.
오늘의 감정 점수 (1매우 부정적~10매우 긍정적) 예시: 1 매우 지침 / 4 약간 불편 / 6 평온 / 8 활기참 / 10 최고 컨디션	7점 — 약간 피곤했지만 하루를 잘 마무리했다는 뿌듯함이 있었다.
그 감정의 이유는?	오전엔 긴장감이 있었지만 오후에 팀 프로젝트가 잘 마무리되면서 마음이 편안해졌다.
내일은 어떤 감정을 선택하고 싶은가?	여유와 감사. 오늘처럼 바쁘더라도 감사한 마음으로 하루를 마무리하고 싶다.

※ 활용 팁: 감정 점수가 낮을 때는 회복이 필요하다는 신호, 점수가 높을 때는 감사를 나눌 타이밍입니다. 감정의 흐름을 관찰하다 보면 당신의 '감정 근육'이 자라나는 걸 느끼게 될 거예요.

05. 시행착오에서 남보다 2배의 인사이트를 얻는 방법

기록을 '사실'로만 남기지 말고 '해석'을 붙이면 인사이트가 두 배가 됩니다.

단계	설명	예시
사실	오늘의 일이나 사건을 그대로 기록	오전 회의에서 아이디어가 채택되지 않았다.
느낀 점	그때의 감정을 적기	아쉬웠지만 팀 의견을 따르는 게 옳다고 느꼈다. 그리고 이렇게 아쉬운 마음이 드는 걸 보니 나는 내 아이디어에 애착이 큰 것 같다.
배운 점	배운 교훈이나 통찰	내 아이디어보다 팀의 방향성이 우선이라는 걸 배웠다. 그리고 나는 한 아이디어에 꽂히는 경향이 커서 내 마음을 분산시킬 필요가 있다.
다음 행동	내일의 실행 계획	다음 회의에는 팀장님의 의사결정을 내릴 때 중요하게 생각하는 근거들을 집중적으로 준비해 보자. 내 아이디어에 대한 객관성을 최대한 유지해 보자. 그리고 아이디어 하나에 생각이 갇히지 않도록 아이디어를 3~4개 더 준비해 보자.

※ 하루 1줄이라도 위 구조로 기록해 보면 단순한 일지가 '성찰의 노트'로 변합니다.

06. 멘토링 질문 리스트와 올바른 리액션

멘토링의 질은 질문의 깊이로 결정된다. 다음 리스트에서 당신에게 필요한 질문을 골라 보세요.

▶ 추천 질문 10

1) 지금 제 상황에서 가장 먼저 바꿔야 할 한 가지는 무엇일까요?

2) 제가 지금 놓치고 있는 관점이 있다면 무엇일까요?

3) 이 문제를 해결하기 위해 멘토님이라면 어디서부터 시작하시겠어요?

4) 제가 성장하기 위해 버려야 할 습관이 있다면요?

5) 주변에서 저를 어떻게 인식할까요?

6) 팀 내에서 더 신뢰받는 사람이 되려면 어떤 태도가 필요할까요?

7) 멘토님은 위기 때 어떻게 태도를 유지하시나요?

8) 제가 하는 일의 우선순위를 정할 때 어떤 기준을 세워야 할까요?

9) 비슷한 상황을 겪으셨다면 그때 어떻게 하셨나요?

10) 제가 지금 고민하는 부분에서 '시간이 해결해 준 경험'이 있으신가요?

▶ 올바른 리액션 3단계

1) 수용: "그 말씀이 왜 필요한지 이해됩니다."

2) 실행: "이 부분을 이번 주에 시도해 보고 싶어요."

3) 공유: "말씀대로 해 봤더니 이런 변화가 있었습니다."

07. 퇴사 전 체크리스트: 평판을 남기는 마지막 10일

퇴사는 끝이 아니라 다음 신뢰를 잇는 출발점입니다. 아래 체크리스트로 마지막 10일을 설계해 보세요.

구분	점검 내용	완료(✔)
1	인수인계 자료를 보기 좋게 정리했다	
2	협업했던 동료에게 감사 메시지를 전했다	
3	상사에게 배운 점 1가지를 공유했다	
4	나의 후임자가 일하기 쉽게 자료를 넘겼다	
5	미결 업무는 명확히 인계했다	
6	불만보다 감사의 말을 남겼다	
7	SNS나 메신저에 감정적 글을 올리지 않았다	
8	퇴사 후에도 연락 가능한 이메일을 남겼다	
9	다음 단계에서 만날 가능성이 있는 사람을 챙겼다	
10	마지막 출근 날, 웃으며 작별 인사를 했다	

※ 좋은 평판은 '끝맺음'에서 결정된다. 떠나는 방식이 그 사람의 진짜 품격이다.

평판이 좋아지려면, 내 평판보다 더 우선되어야 하는 것

좋은 평판을 얻고 싶은 마음은 누구에게나 있다. 하지만 평판을 '얻어야할 목표'로 두는 순간, 우리는 쉽게 계산적으로 변한다. 사람에게 잘하려는이유가 '나를 좋게 봐주길' 바라는 마음에서 출발하면, 그 친절은 오래가지않는다. 칭찬이 보상이 되고, 무시는 벌이 되는 순간부터 관계는 진심을 잃는다.

나는 20년 가까이 만 명이 넘는 대학생들을 만나 왔다. 그중 평판이 오래가는 사람들의 공통점은 놀랍게도 '평판'을 직접적으로 의식하지 않는다는점이었다. 그들은 자신이 속한 조직을 진심으로 아끼고, 사람을 귀하게 여겼다. '나의 이미지'보다 '우리의 관계', '내 자리'보다 '우리의 자리'를 먼저생각했다. 그 마음의 우선순위가 결국 그 사람의 평판을 만들었다.

평판은 관리의 결과가 아니라, 진심의 부산물이다. 평판은 '보여 주기 위한 나'가 아니라, '꾸준히 진심으로 행동한 나'의 기록이다. 진심이 먼저일때, 평판은 자연스럽게 따라온다. 사람들은 말보다 마음의 방향을 더 정확히 읽는다.

나는 이 책을 쓰며 다시 한번 깨달았다. 평판의 본질은 '관계'에 있다. 평판은 혼자 쌓을 수 있는 게 아니다. 누군가의 신뢰 위에, 누군가의 기억 속에 쌓인다. 그래서 평판을 관리하기보다 관계를 돌보아야 한다. 하루 한 사람이라도 더 진심으로 대하고, 한 번의 대화라도 더 따뜻하게 마무리하려는 노력이 결국 나의 평판을 만든다.

진심은 빠르게 드러나지 않는다. 하지만 언젠가는 가장 강력한 신뢰로 돌아온다. 시간이 흐를수록, 말보다 태도, 이미지보다 진심이 남는다. 그래서 나는 오늘도 '좋은 평판'보다 '좋은 마음'을 먼저 택하려 한다. 진심이 단단히 자리 잡은 사람의 평판은, 결국 흔들리지 않는다.

마지막 오늘의 1% 실천 포인트

오늘 내가 하는 친절은 평판을 위한 것인가, 진심에서 나온 것인가. 그 질문 하나로 마음의 방향을 점검해 보자. 평판을 관리하려 애쓰기보다, 진심을 다하는 일에 1% 더 집중하자. 진심이 깊을수록 평판은 오래 남는다.

평판이 좋아지는 1퍼센트의 법칙

1판 1쇄 발행 2026년 4월 7일

지은이 조은지

교정 황윤 **편집** 차민정 **마케팅·지원** 조아라

펴낸곳 하움출판사 **펴낸이** 문현광
이메일 haum1000@naver.com **홈페이지** haum.kr

블로그 blog.naver.com/haum1000 **인스타** @haum1007

ISBN 979-11-7374-334-4(03190)